# Warren Buffett e a análise de BALANÇOS

Mary Buffett e David Clark

# Warren Buffett e a análise de BALANÇOS

SEXTANTE

Título original: *Warren Buffett and the Interpretation of Financial Statements*

Publicado em acordo com Scribner, uma divisão da Simon & Schuster, Inc.

*tradução*
Marcello Lino

*preparo de originais*
Cristiane Pacanowski

*revisão*
Ana Lucia Machado, Cristhiane Ruiz e Luis Américo Costa

*projeto gráfico e diagramação*
Abreu's System

*capa*
Miriam Lerner

*impressão e acabamento*
Yangraf Gráfica e Editora Ltda.

CIP-BRASIL. CATALOGAÇÃO-NA-FONTE
SINDICATO NACIONAL DOS EDITORES DE LIVROS, RJ

---

B945W

Buffett, Mary
Warren Buffett e a análise de balanços/Mary Buffett e David Clark [tradução de Marcello Lino]. Rio de Janeiro: Sextante, 2010.

Tradução de: Warren Buffett and the interpretation of financial statements
ISBN 978-85-7542-554-1

1. Buffett, Warren, 1930–. 2. Empresas – Finanças. 3. Sociedades comerciais – Finanças. 4. Investimentos – Análise. 5. Investimentos – Processo decisório. 6. Balanço (Contabilidade). I. Clark, David, 1955–. II. Título.

10-0885 CDD: 332.6
CDU: 336.76

---


GMT Editores Ltda.
Rua Voluntários da Pátria, 45/1.404 – Botafogo
22270-000 – Rio de Janeiro – RJ
Tel.: (21) 2286-9944 – Fax: (21) 2286-9244
E-mail: atendimento@esextante.com.br
www.sextante.com.br

# SUMÁRIO

## O BALANÇO PATRIMONIAL

## A DEMONSTRAÇÃO DE FLUXO DE CAIXA



## A AVALIAÇÃO DA EMPRESA COM UMA VANTAGEM COMPETITIVA DURÁVEL

# INTRODUÇÃO

Durante 12 anos, de 1981 a 1993, fui nora de Warren Buffett, o investidor de maior sucesso e, atualmente, o maior filantropo do mundo.

Logo após me casar com Peter, o filho de Buffett, e bem antes do mundo fora de Wall Street ouvir falar do investidor, visitei a casa da família em Omaha. Enquanto estava lá, conheci um pequeno grupo de estudantes aplicados que pesquisavam a sabedoria do mestre e que se autodenominavam "buffettologistas". David Clark, um dos buffettologistas de maior sucesso, mantinha cadernos repletos de ideias meticulosas e infinitamente fascinantes de Warren Buffett sobre investimentos. Seus cadernos foram a base que eu e ele usamos mais tarde para dar forma aos best-sellers internacionais de investimentos *O Tao de Warren Buffett*, *Buffettology* (Buffettologia), *The Buffettology Workbook* (O manual da buffettologia) e *The New Buffettology* (A nova buffettologia), atualmente publicados em 17 idiomas, entre os quais hebraico, árabe, chinês e russo.

Depois do sucesso de *O Tao de Warren Buffett*, estive com David em Omaha, no encontro anual da Berkshire Hathaway, em 2007, e durante o almoço começamos a conversar sobre a história da análise de investimentos. Ele ressaltou que, no fim do século XIX e no início do XX, essa atividade se concentrava sobretudo em determinar a solvência e a capacidade de geração de lucros de uma empresa com o propósito de analisar os seus títulos. David também mencionou que Benjamin Graham, o decano de Wall Street e mentor de Buffett, havia adaptado as técnicas iniciais de análise de títulos para a análise de ações ordinárias.

Mas Graham nunca fez distinção entre as empresas que possuem uma vantagem competitiva de longo prazo e as que não possuem em relação às suas concorrentes. Ele só estava interessado em saber se a companhia tinha ou não capacidade de geração de lucro suficiente para tirá-la dos apuros econômicos que haviam acarretado a queda vertiginosa da cotação de suas ações. Ele não estava interessado em ter participação em uma organização por 10 ou 20 anos. Se a cotação não se movesse depois de dois anos, ele caía fora. Isso não significa que Graham perdeu o barco; ele simplesmente não embarcou naquele que o teria transformado, como aconteceu com Buffett em 2008, no homem mais rico do mundo.

Buffett, por outro lado, depois de iniciar sua carreira com Graham, descobriu a tremenda geração de riqueza de uma empresa que tinha uma vantagem competitiva de longo prazo em relação às suas concorrentes. Ele constatou que, quanto mais tempo você mantivesse sua participação em uma dessas companhias fantásticas, mais rico ficaria. Graham provavelmente teria dito que todas essas empresas têm cotações excessivas, mas Buffett percebeu que não precisava esperar que o mercado acionário oferecesse uma cotação de barganha e que, mesmo pagando um preço justo, poderia ficar riquíssimo com aquelas empresas.

Ele desenvolveu um conjunto único de ferramentas analíticas para identificar essas empresas especiais. Embora baseado na velha linguagem de Graham, seu novo método possibilitava que ele determinasse se uma empresa podia sobreviver aos problemas que estava enfrentando no momento. O método de Buffett também informava se a empresa em questão tinha ou não uma vantagem competitiva durável que o tornaria riquíssimo no longo prazo.

Ao fim do almoço, perguntei a David se ele julgava possível criar um guia sucinto e fácil de usar para interpretar as demonstrações financeiras de uma empresa utilizando o conjunto único de ferramentas que Buffett havia desenvolvido para descobrir aquelas companhias maravilhosamente rentáveis.

Eu tinha em mente um livro direto e simples que ensinasse os investidores a interpretar as demonstrações financeiras de uma companhia e procurar os mesmos tipos de organização que Buffett. Um livro que não apenas explicasse o que são balanços patrimoniais e demonstrações do resultado do exercício, mas que apontasse o que os investidores devem procurar se, como Buffett, estiverem em busca de uma empresa que tenha uma vantagem competitiva de longo prazo.

David adorou a ideia e, em um mês, começamos a enviar um para o outro os capítulos do livro que está em suas mãos agora.

Esperamos que *Warren Buffett e a análise de balanços* o ajude a dar o mesmo salto qualitativo do megainvestidor, possibilitando que você vá além dos velhos modelos de avaliação de Graham e descubra, como Buffett, o fenomenal poder de geração de riqueza de longo prazo de uma empresa com uma vantagem competitiva durável em relação às concorrentes. Ao mesmo tempo, você vai se libertar das custosas manipulações do mercado financeiro e terá a oportunidade de se unir ao crescente número de investidores inteligentes de todo o mundo que estão se tornando tremendamente ricos ao seguir os passos desse investidor lendário e brilhante.

MARY BUFFETT

*"Você precisa entender de contabilidade e deve compreender as nuances dessa ciência. Esse é o idioma dos negócios, um idioma imperfeito, porém, a menos que esteja disposto a fazer o esforço de aprender contabilidade – como ler e analisar demonstrações financeiras –, não deveria escolher ações por conta própria."*

WARREN BUFFETT

CAPÍTULO 1

# A grande revelação que fez de Warren Buffett a pessoa mais rica do mundo

Para entender esta grande revelação, precisamos compreender a natureza das Bolsas de Valores e de seus maiores players. Embora preste muitos serviços para empresas, nos últimos 200 anos Wall Street também tem funcionado como um grande cassino no qual jogadores, ao modo dos especuladores, fazem grandes apostas na direção das cotações das ações.

Em seus primórdios, alguns desses jogadores obtiveram grande riqueza e proeminência. Tornaram-se personagens interessantes sobre os quais as pessoas adoravam ler na imprensa especializada. O grande "Diamond" Jim Brady e Bernard Baruch foram apenas alguns dos que chamaram a atenção do público como grandes investidores de sua época.

Em tempos modernos, os investidores institucionais – fundos mútuos, fundos *hedge* e sociedades de investimento – substituíram os grandes especuladores de antigamente. Os investidores institucionais se "vendem" para os clientes como analistas de ações altamente capacitados, alardeando seus resultados anuais como isca publicitária para um público míope e ávido por enriquecer rapidamente.

Em geral, os especuladores do mercado acionário tendem a ser inconstantes, comprando quando as notícias são boas e caindo fora quando são ruins. Se a ação não avança em alguns meses, eles a vendem e saem à procura de outra.

Os melhores jogadores dessa nova geração desenvolveram programas de computador complexos a fim de medir a velocidade em que uma cotação está subindo ou caindo. Se as ações de uma empresa estão subindo rápido o bastante, o computador as compra; se estão caindo rápido, o computador as vende. Isso cria muita movimentação de compra e venda de milhares de ações diferentes.

Não é incomum para esses investidores informatizados comprar uma ação num dia e vendê-la no dia seguinte. Gestores de fundos *hedge* usam esse sistema e podem ganhar muitíssimo dinheiro para seus clientes. Mas há uma cilada: eles também podem perder altas somas. E, quando perdem dinheiro, os clientes (se ainda tiverem algum dinheiro sobrando) pegam o que sobrou e vão embora à procura de um novo analista que escolha ações para eles.

Esse frenesi especulativo de compra e venda vem acontecendo há muito tempo. Uma das maiores agitações de todos os tempos, na década de 1920, fez com que as cotações das ações chegassem à estratosfera. Mas, em 1929, veio a quebra da Bolsa, levando as cotações a despencar.

No início da década de 1930, um jovem e empreendedor analista de Wall Street chamado Benjamin Graham percebeu que a maioria dos mais famosos investidores em ações não dava a mínima importância para os aspectos econômicos de longo prazo das empresas que estavam comprando e vendendo. O único fator relevante era se as cotações das ações estavam, no curto prazo, subindo ou caindo.

Graham também percebeu que, quando estavam dominados por seu frenesi especulativo, aqueles investidores às vezes faziam com que as cotações subissem até atingir níveis ridículos em relação às realidades econômicas de longo prazo do mercado em que as empresas atuavam. Também percebeu que aqueles mesmos famosos investidores às vezes provocavam a queda das ações a níveis insanos que, da mesma forma, não levavam em conta as perspectivas de longo prazo das companhias. Era nesses níveis insanamente baixos que Graham via uma oportunidade fantástica para ganhar dinheiro.

Ele chegou à conclusão de que, se comprasse aquelas "empresas subvalorizadas", com cotações abaixo de seu valor intrínseco de longo prazo, o mercado acabaria por reconhecer o seu erro e as reavaliaria para cima. Depois que isso acontecesse, ele poderia vendê-las com lucro. Essa é a base do que conhecemos hoje como investimento em valor. Graham foi o pai desse paradigma de investimento.

O que temos de perceber, no entanto, é que ele, na verdade, não se importava com o tipo de empresa que estava comprando. Em seu mundo, toda companhia tinha um preço no qual se tornava uma barganha. Quando começou a praticar o investimento em valor nos idos da década de 1930, ele se concentrava em achar empresas que estivessem sendo negociadas a menos da metade do valor que elas tinham em caixa. Ele chamava isso de "comprar um dólar por 50 centavos". Também aplicava outros parâmetros, como nunca pagar mais do que 10 vezes o lucro de uma empresa e vender a ação se ela subisse 50%. Se não subisse em dois anos, ele a vendia de qualquer jeito. Sim, a sua perspectiva era um pouco mais longa do que a dos especuladores de Wall Street, mas, na verdade, ele não tinha interesse algum na situação da companhia dali a 10 anos.

Buffett aprendeu sobre investimento em valor com Graham na Universidade de Columbia, na década de 1950, e depois, pouco antes deste se aposentar, foi trabalhar para ele como analista em sua firma em Wall Street. Lá, Buffett trabalhou ao lado do famoso investidor em valor Walter Schloss, que ajudou a instruir o jovem Warren na arte de identificar situações de subvalorização, recomendando a leitura das demonstrações financeiras de milhares de empresas.

Depois que Graham se aposentou, Buffett voltou para a sua Omaha natal, onde teve tempo de pensar sobre a metodologia de Graham longe da multidão enlouquecedora de Wall Street. Durante esse período, percebeu algumas coisas inquietantes nos ensinamentos de seu mentor.

A primeira era que nem todas as empresas subvalorizadas de Graham eram reavaliadas para cima; algumas, na verdade, acabavam indo à falência. Em cada grupo de companhias vencedoras, também havia umas poucas perdedoras, que reduziam muito o desempenho geral. Graham tentava se proteger dessa situação com uma carteira de ações amplamente diversificada que, muitas vezes, continha 100 empresas ou mais. Ele também adotava uma estratégia de se livrar de qualquer ação que não subisse depois de dois anos. Mas, no fim das contas, muitas de suas "ações subvalorizadas" permaneciam subvalorizadas.

Buffett descobriu que um punhado de organizações que ele e Graham haviam comprado e posteriormente vendido por causa da regra dos 50% continuavam a prosperar ano após ano; ao mesmo tempo, constatou que as cotações das ações dessas empresas estavam muito mais altas do que no momento em que Graham as havia vendido. Era como se eles tivessem comprado passagens para uma viagem de trem até Bonança, mas tivessem saltado bem antes de terem chegado à estação porque não sabiam para onde o trem estava indo.

Buffett decidiu que podia melhorar o desempenho do seu mentor aprendendo mais sobre a economia empresarial daquelas "superestrelas". Então, começou a estudar as suas demonstrações financeiras, tentando entender o que as tornava investimentos de longo prazo tão fantásticos.

Ele descobriu que todas aquelas "superestrelas" se beneficiavam de algum tipo de vantagem competitiva que criava uma situação econômica semelhante a um monopólio, possibilitando que elas cobrassem mais ou vendessem mais produtos. Dessa maneira, ganhavam muito mais dinheiro do que as concorrentes.

Buffett também percebeu que, se a vantagem competitiva de uma empresa pudesse ser mantida por um período longo – se fosse "durável" –, então o seu valor subjacente continuaria a aumentar ano após ano. Por causa de um aumento contínuo do valor subjacente da empresa, fazia mais sentido para Buffett manter o investimento pelo maior tempo possível, tendo maior oportunidade de lucrar com a sua vantagem competitiva.

Ele também percebeu que o mercado – por meio dos investidores em valor ou dos especuladores, ou de uma combinação dos dois – reconheceria em algum momento futuro o aumento do valor subjacente da companhia e empurraria a cotação de suas ações para cima. Era como se a vantagem competitiva durável da empresa tornasse aqueles investimentos uma profecia que se realizava sozinha.

Havia mais uma coisa que Buffett considerava ainda mais mágica do ponto de vista financeiro. Como tinham modelos de negócios tão fantásticos a seu favor, não havia chance de aquelas companhias algum dia declararem falência. Isso significava que, quanto mais para baixo os especuladores de Wall Street jogassem a cotação das ações, menor seria o risco de ele perder seu dinheiro ao comprar uma participação. A cotação mais baixa das ações também significava maior potencial de valorização e obtenção de ganhos. E quanto mais tempo ele mantivesse aquelas participações, mais tempo teria para aproveitar as ótimas condições econômicas subjacentes daquelas empresas.

Tudo isso era uma contradição completa da máxima de Wall Street de que, para maximizar seus ganhos, você precisava aumentar o risco subjacente. Buffett havia descoberto o Santo Graal dos investimentos: um investimento no qual, enquanto seu risco diminuía, o seu potencial de ganhos aumentava.

Para facilitar ainda mais as coisas, Buffett percebeu que não precisava mais esperar que Wall Street oferecesse uma barganha. Ele podia pagar um preço justo por uma daquelas superempresas e, ainda assim, sair ganhando, contanto que mantivesse o investimento por tempo suficiente. E, para acrescentar a cereja a um bolo já delicioso, percebeu que, se mantivesse o investimento no longo prazo e nunca o vendesse, podia efetivamente adiar os impostos sobre ganhos de capital para um futuro distante, permitindo que o seu investimento ficasse isento de impostos ano após ano enquanto fosse mantido.

Vejamos um exemplo: em 1973, Buffett investiu US$ 11 milhões na The Washington Post Company, um jornal com uma vantagem competitiva durável, e até hoje permanece fiel a esse investimento. Em 2008, 35 anos depois, o seu valor cresceu até atingir estratosférico US$ 1,4 bilhão. Nada mal em investir US$ 11 milhões e ganhar US$ 1,4 bilhão! E a melhor parte é que, por nunca ter vendido uma única ação, Buffett ainda não pagou um tostão sequer de imposto sobre seu lucro.

Graham, por outro lado, com sua regra dos 50%, teria vendido o investimento de Buffett na Washington Post em 1976, por aproximadamente US$ 16 milhões, e teria pago um imposto sobre ganhos de capital (o lucro). Pior ainda, os renomados analistas de ações de Wall Street provavelmente teriam comprado e vendido essas ações mil vezes nos últimos 35 anos para obter ganhos intermitentes de 10% ou 20%, pagando impostos a cada venda. Mas Buffett aproveitou o investimento para obter o excepcional retorno de 12.460% e, até hoje, ainda não pagou nenhum tostão de imposto sobre seu ganho de US$ 1,4 bilhão.

CAPÍTULO 2

# Onde Buffett começa sua busca pela empresa excepcional

Antes de começarmos a procurar a empresa que nos tornará ricos, ou seja, uma empresa com uma vantagem competitiva durável, é útil saber onde procurar. Buffett percebeu que essas superempresas têm três modelos básicos de negócios: vendem um produto exclusivo, prestam um serviço exclusivo ou compram e vendem a baixo custo um produto ou serviço de que o público sempre precisa.

Vamos analisar cada um desses modelos.

Vender um produto exclusivo: esse é o mundo de Coca-Cola, Pepsi, Wrigley, Hershey, Budweiser, Coors, Kraft, The Washington Post, Procter & Gamble e Philip Morris. Por meio do processo de necessidade e experiência do consumidor, e da promoção publicitária, esses fabricantes inseriram as histórias de seus produtos em nossas mentes e, assim, nos induziram a pensar neles quando vamos satisfazer uma necessidade. Quer mascar um chiclete? Você pensa na Wrigley. Está com vontade de tomar uma cerveja gelada após um dia cheio no trabalho? Você pensa na Budweiser. E as coisas realmente melhoram com uma Coca-Cola.

Buffett gosta de pensar que essas companhias conquistaram um lugar na mente do consumidor e, quando isso acontece, seus produtos nunca precisam ser modificados, o que, como você descobrirá, é um ponto favorável. A empresa também consegue cobrar preços mais altos e vender uma quantidade maior dos seus produtos, criando todo tipo de eventos econômicos maravilhosos que aparecem em suas demonstrações financeiras.

Vender um serviço exclusivo: esse é o mundo de Moody's Corp., H&R Block Inc., American Express Co., The Service Master Co. e Wells Fargo & Co. Tal como os médicos e os advogados, essas empresas prestam serviços de que as pessoas precisam e pelos quais estão dispostas a pagar – mas, ao contrário dos médicos e dos advogados, essas empresas são instituições, não pessoas específicas. Quando você pensa em calcular os seus impostos, pensa na H&R Block, não em Jack, o sujeito na H&R Block que faz os cálculos. Quando Buffett comprou uma participação no Salomon Brothers, um banco de investimentos (agora parte do Citigroup), pensou que estivesse comprando uma instituição. Porém, quando os principais talentos começaram a deixar a firma e a levar consigo os maiores clientes, ele percebeu que se tratava de uma empresa de talentos específicos. Em firmas desse tipo, os funcionários podem exigir e obter uma grande parte do lucro, o que deixa um total bem menor para os proprietários/acionistas da empresa. E não é assim que os investidores ficam ricos.

O modelo econômico de prestação de um serviço exclusivo pode ser fenomenal. Uma empresa não precisa investir muito dinheiro reprojetando seus produtos nem tem de gastar uma fortuna construindo uma fábrica ou armazenando sua produção. Firmas que prestam serviços exclusivos e que conquistam uma posição na mente do consumidor podem gerar margens melhores do que as das companhias que vendem produtos.

Comprar e vender a baixo custo um produto ou serviço de que o público sempre precisa: esse é o mundo de Wal-Mart, Costco, Nebraska Furniture Mart, Borsheim's Jewelers e Burlington Northern Santa Fe Railway. Aqui, as grandes margens são trocadas pelo volume, ou o aumento do volume mais do que compensa a redução das margens. O segredo é ser ao mesmo tempo comprador e vendedor a baixo custo, o que permite que você tenha margens mais altas do que as da concorrência e ainda seja o vendedor a baixo custo de um produto ou serviço. A imagem do melhor preço do mercado fica associada à ideia do consumidor de onde comprar. Em Omaha, quem precisa de um fogão novo vai atrás da maior variedade e do melhor preço na Nebraska Furniture Mart. Quer despachar os seus pertences para o outro lado do país? A Burlington Northern Santa Fe Railway tem a melhor oferta. Você mora numa cidade pequena e quer a maior variedade com os melhores preços? Vá ao Wal-Mart.

É simples assim: venda um produto ou serviço exclusivo ou seja o comprador e vendedor a baixo custo de um produto ou serviço e você irá lucrar, ano após ano, como se tivesse quebrado a banca em Monte Carlo.

CAPÍTULO 3

# Consistência é o caminho de Buffett para a riqueza

A segunda grande revelação de Buffett é que a "consistência" da vantagem competitiva gera toda a riqueza. A Coca-Cola vende o mesmo produto há 122 anos e muito provavelmente o venderá pelos próximos séculos.

É essa consistência do produto que cria a constância nos lucros da empresa. Se esta não precisa ficar mudando seus produtos, também não precisa investir milhões em pesquisa e desenvolvimento nem terá de gastar bilhões reequipando a sua fábrica para produzir o modelo a ser lançado no ano que vem. Assim, o dinheiro vai se multiplicando nos cofres da companhia, o que significa que ela não precisa contrair muitas dívidas e, por sua vez, evita que pague muitos juros, permitindo que acumule muito dinheiro para expandir suas operações ou recomprar as ações, o que aumenta o lucro e a cotação das suas ações – tornando os acionistas mais ricos.

Portanto, quando está analisando as demonstrações financeiras de uma empresa, Buffett está procurando consistência. Aquela companhia consistentemente tem margens brutas altas? Tem consistentemente pouca ou nenhuma dívida? *Não* precisa gastar consistentemente grandes somas em pesquisa e desenvolvimento? Apresenta lucros constantes? Apresenta um crescimento constante do lucro? É essa "consistência" que aparece nas demonstrações financeiras que indica a Buffett a "durabilidade" da vantagem competitiva da companhia.

CAPÍTULO 4

# Visão geral das demonstrações financeiras: onde o ouro está escondido

É por meio da análise das demonstrações financeiras que Buffett garimpa empresas com uma vantagem competitiva durável. São elas que lhe informam se ele está analisando uma companhia medíocre, sempre atolada em resultados ruins, ou uma organização que tem uma vantagem competitiva durável e que vai torná-lo riquíssimo.

As demonstrações financeiras podem ser de três tipos: a demonstração do resultado do exercício, o balanço patrimonial e a demonstração de fluxo de caixa.

A demonstração do resultado do exercício nos informa quanto dinheiro a empresa lucrou durante determinado período. Os contadores das empresas tradicionalmente geram declarações de resultado para os acionistas a cada trimestre e ao fim do ano fiscal. Com a análise da demonstração do resultado do exercício de uma empresa, Buffett pode determinar parâmetros tais como as margens das vendas, o seu retorno sobre o patrimônio e, sobretudo, a constância e a direção dos seus lucros. Todos esses fatores são necessários para determinar se a companhia está ou não se beneficiando de uma vantagem competitiva durável.

O balanço patrimonial nos informa quanto dinheiro a empresa tem no banco, suas contas a receber, seus estoques, suas propriedades, o que chamamos de seu ativo; e quanto ela deve, o que conhecemos como passivo. Ao subtrair o passivo do ativo obtemos o patrimônio líquido da companhia, ou seja, o valor que seus sócios possuem investido nela.

Tradicionalmente, as empresas geram um balanço patrimonial para os acionistas ao fim de cada trimestre e ao fim do ano contábil ou fiscal. Buffett aprendeu a usar alguns dos itens do balanço patrimonial – como a quantidade de ativo disponível da empresa ou o seu endividamento de longo prazo – como indicadores da existência de uma vantagem competitiva durável.

A demonstração de fluxo de caixa, por sua vez, acompanha o dinheiro que entra e sai da empresa. Essa demonstração serve para monitorar quanto dinheiro a companhia está gastando em melhorias dos ativos fixos. Também monitora as vendas e as recompras de títulos e ações. Uma empresa geralmente emite uma demonstração de fluxo de caixa junto de suas outras demonstrações financeiras.

Nos capítulos a seguir, iremos explorar detalhadamente os itens e os indicadores da demonstração do resultado do exercício, do balanço patrimonial e da demonstração de fluxo de caixa que Buffett usa para descobrir se a empresa em questão tem ou não uma vantagem competitiva durável que o tornará rico no longo prazo.

CAPÍTULO 5

# Onde Buffett vai buscar informações financeiras

Na moderna era da internet, há dezenas de fontes nas quais podemos facilmente encontrar as demonstrações financeiras de uma empresa. O acesso mais fácil é por meio do MSN.com (http://moneycentral.msn.com/investor/home.asp) ou da página de finanças do Yahoo! (www.finance.yahoo.com).

Nós consultamos os dois sites, mas o MSN.com, da Microsoft Network, oferece demonstrações financeiras mais detalhadas. Para começar, encontre o campo no qual deve digitar o símbolo das cotações das ações em ambos os sites e depois digite o nome da empresa. Clique nele quando aparecer, e tanto o MSN.com quanto o Yahoo! irão direcioná-lo para a página contendo a cotação das ações da companhia em questão. À esquerda, você verá o cabeçalho "Finance", sob o qual estão três hiperlinks que o levarão ao balanço patrimonial, à demonstração do resultado do exercício e à demonstração de fluxo de caixa. Em cima disso, sob o cabeçalho "SEC", há um hiperlink para documentos apresentados à U.S. Securities and Exchange Commission (SEC), equivalente à Comissão de Valores Mobiliários brasileira. A cada trimestre, todas as empresas de capital aberto devem apresentar demonstrações financeiras à SEC; esses documentos são conhecidos como 10Qs.* Também é apresentado à SEC um documen-

---

* Relatório apresentado à SEC a cada trimestre pela maior parte das empresas de capital aberto. Inclui as demonstrações financeiras e fornece um panorama contínuo da condição financeira da empresa ao longo do ano. O relatório deve ser feito após cada um dos três primeiros trimestres do ano fiscal da empresa e ser apresentado à SEC em até 45 dias após o fim de cada trimestre. (N. do E.)

to chamado 10K, que é o relatório anual da empresa. Nele estão contidas as demonstrações financeiras da companhia para aquele ano contábil ou fiscal. Buffett leu milhares de 10Ks ao longo dos anos, pois esses documentos representam os melhores relatórios dos números de uma empresa, sem todas as firulas que podem ser colocadas no relatório anual apresentado aos acionistas.

No Brasil, a melhor fonte de consulta disponível é o site www.bmfbovespa.com.br, da BM&F Bovespa, que foi criada em 2008 com a integração entre a Bolsa de Mercadorias & Futuros (BM&F) e a Bolsa de Valores de São Paulo (Bovespa). Ao entrar nele, você deve clicar em ações e, em seguida, pesquisar a empresa na qual está interessado.

É possível acessar dados da companhia e de seus principais acionistas, relatórios financeiros, informações relevantes e o histórico de cotações das ações.

Existem outras fontes de consulta importantes, como a Comissão de Valores Mobiliários (www.cvm.org.br), a Bloomberg e portais como Terra e UOL, mas o melhor lugar para encontrar todos os dados é a BMF& Bovespa.

# A DEMONSTRAÇÃO DO RESULTADO DO EXERCÍCIO

*"É necessário ler um zilhão de relatórios anuais e demonstrações financeiras de empresas."*

WARREN BUFFETT

*"Alguns homens leem a* Playboy. *Eu leio relatórios anuais."*

WARREN BUFFETT

CAPÍTULO 6

# Por onde Buffett começa: a demonstração do resultado do exercício

| **Demonstração do resultado do exercício**<br>(em milhões de R$) | |
|---|---|
| Receita | 10.000 |
| Custo dos bens vendidos | 3.000 |
| Lucro bruto | 7.000 |
| Despesas operacionais | |
| Despesas de vendas, gerais e administrativas | 2.100 |
| Pesquisa e desenvolvimento | 1.000 |
| Depreciação | 700 |
| Lucro operacional | 3.200 |
| Despesa com juros | 200 |
| Ganho (perda) com a venda de ativos | 1.275 |
| Outros | 225 |
| Lucro antes dos impostos | 1.500 |
| Imposto de renda pago | 525 |
| Lucro líquido | 975 |

Buffett sempre começa pela demonstração do resultado do exercício. Ela revela ao investidor os resultados das operações da empresa em determinado período. Tradicionalmente, é apresentada a cada trimestre e ao fim do ano e fica claro o período a que se refere – por exemplo, de 1º de janeiro de 2007 a 31 de dezembro de 2007.

A demonstração do resultado do exercício tem três componentes básicos: a receita, as despesas, que são subtraídas da receita, o que nos informa se a empresa teve lucro ou prejuízo.

Nos primórdios da análise de ações, os principais analistas, como Benjamin Graham, o mentor de Buffett, se concentravam simplesmente no fato de a companhia gerar ou não lucro e davam pouca ou nenhuma atenção à viabilidade de longo prazo de sua fonte de receita. Graham não se importava se a companhia era um empreendimento excepcional com condições econômicas a seu favor ou se era um dos milhares de negócios medíocres que lutavam para sobreviver. Ele compraria uma participação em uma empresa ruim num piscar de olhos se achasse que poderia obter um preço suficientemente baixo.

A sacada de Buffett foi, em parte, dividir o mundo corporativo em dois grupos diferentes: empresas excelentes que tinham uma vantagem competitiva durável em relação às suas concorrentes – essas organizações o tornariam rico se ele conseguisse comprar suas ações a uma cotação justa e mantê-las por tempo suficiente – e empresas medíocres que se esforçavam para sobreviver, ano após ano, em um mercado competitivo, o que as tornava investimentos ruins a longo prazo.

Em sua busca por uma dessas companhias incríveis, Buffett percebeu que os componentes individuais da demonstração do resultado do exercício podiam revelar se a empresa possuía a vantagem competitiva durável de longo prazo geradora da riqueza extraordinária que ele tanto cobiçava. Não apenas se ela ganhara dinheiro, mas que tipo de margens tinha, se precisava gastar muito com pesquisa e desenvolvimento para manter sua vantagem competitiva e se era necessário usar muita alavancagem para ganhar dinheiro. Esses fatores englobam o tipo de informação que Buffett garimpa nas demonstrações de resultado a fim de conhecer a natureza do motor econômico de uma empresa. Para ele, a fonte do lucro é sempre mais importante do que o próprio lucro.

CAPÍTULO 7

# Receita: por onde o dinheiro entra

| **Demonstração do resultado do exercício** (em milhões de R$) | |
|---|---|
| → Receita | 10.000 |
| Custo dos bens vendidos | 3.000 |
| Lucro bruto | 7.000 |

A primeira linha da demonstração do resultado do exercício é sempre a receita total ou bruta. Trata-se do volume de produtos ou serviços vendidos pela empresa durante o período em questão, que é relatado trimestral ou anualmente. Se estivermos produzindo calçados e tivermos vendido R$ 120 milhões em um ano, essa é a receita que iremos informar naquele ano em nossa demonstração do resultado do exercício.

Todavia, o fato de ter uma receita alta não significa que uma empresa está tendo lucro – é necessário deduzir as despesas da receita total. Receita total menos despesas é igual a receita líquida. A cifra da receita total por si só não nos revela nada até subtrairmos as despesas e descobrirmos qual é a receita líquida.

Depois de dar uma olhada na receita total de uma companhia, Buffett começa uma longa e minuciosa apuração das despesas. Porque ele sabe que um dos grandes segredos para se ganhar mais dinheiro é gastar menos dinheiro.

CAPÍTULO 8

# Custo dos bens vendidos: para Buffett, quanto mais baixo melhor

| **Demonstração do resultado do exercício** (em milhões de R$) | |
|---|---|
| Receita | 10.000 |
| → Custo dos bens vendidos | 3.000 |
| Lucro bruto | 7.000 |

Na demonstração do resultado do exercício, bem embaixo da linha da Receita, encontra-se o Custo dos bens vendidos, também conhecido como Custo das vendas. Ele representa o custo da compra de bens que a empresa está revendendo ou o custo da matéria-prima e da mão de obra usadas na fabricação dos produtos que está vendendo. "Custo das vendas" em geral é usado no lugar de "custo dos bens vendidos" se a companhia estiver fornecendo serviços em vez de produtos. São essencialmente a mesma coisa – mas um é ligeiramente mais abrangente do que o outro. Sempre temos de investigar exatamente o que a empresa está incluindo em seus cálculos de custo dos bens vendidos ou de custo das vendas. Isso nos dá uma boa ideia de como a equipe de gestão está pensando a respeito da companhia.

Um exemplo simples de como uma empresa pode calcular o seu custo dos bens vendidos seria: comece informando o custo do estoque da empresa no início do ano; adicione o custo para aumentar o estoque durante o ano e, depois, subtraia o valor em dinheiro do estoque restante no fim do ano. Assim, se uma companhia começa o ano com R$ 10 milhões em estoque, gasta R$ 2 milhões em compras e termina o período com um estoque cujo valor é de R$ 7 milhões, o custo dos bens naquele período seria de R$ 5 milhões.

Embora não nos revele muito acerca do fato de a empresa ter ou não uma vantagem competitiva durável, o custo dos bens vendidos por si só é essencial para determinar o Lucro bruto da companhia, que é uma cifra fundamental para ajudar Buffett a estabelecer se ela tem ou não uma vantagem competitiva de longo prazo. Discutiremos isso mais detalhadamente no próximo capítulo.

CAPÍTULO 9

# Lucro bruto/Margem de lucro bruto: números essenciais para Buffett em sua busca por investimento de longo prazo

| **Demonstração do resultado do exercício**<br>(em milhões de R$) | |
|---|---|
| → Receita | 10.000 |
| Custo dos bens vendidos | 3.000 |
| → Lucro bruto | 7.000 |

Lucro bruto R$ 7.000 ÷ Receita R$ 10.000 = Margem de lucro bruto 70%

Se subtrairmos da Receita total da empresa o valor informado como Custo dos bens vendidos, obtemos o Lucro bruto: a quantidade de dinheiro que ela ganhou com sua receita total após subtrair os custos de matéria-prima e mão de obra usadas para produzir os bens. Não inclui categorias como despesas de vendas e administrativas, depreciação e despesa com juros.

Por si só, o lucro bruto nos revela muito pouco, mas podemos usar esse número para calcular a margem de lucro bruto da empresa, que pode nos informar muito sobre a sua natureza econômica.

Lucro bruto ÷ Receita total = Margem de lucro bruto

A perspectiva de Buffett é procurar companhias que tenham algum tipo de vantagem competitiva durável, com as quais pode lucrar no longo prazo. Ele descobriu que companhias com excelentes condições econômicas de longo prazo funcionando a seu favor tendem a ter margens de lucro bruto *constantemente* mais altas do que as outras.

As margens de lucro bruto de empresas que Buffet já identificou como tendo uma vantagem competitiva durável são as das seguintes organizações: a Coca-Cola, que apresenta uma margem de lucro bruto constante de 60% ou superior; a empresa de *rating* Moody's, 73%; a Burlington Northern Santa Fe Railway, 61%; e a Wrigley Co., 51%.

Compare essas excelentes companhias com várias outras que conhecemos e que têm condições econômicas de longo prazo ruins, como a United Airlines, que vive entrando e saindo da bancarrota e tem uma margem de lucro bruto de 14%; a problemática montadora General Motors, que alcança parcos 21%; a antes problemática mas atualmente rentável U.S. Steel, com meros 17%; e a Goodyear Tire, cujos pneus rodam em qualquer terreno, mas que, em uma economia ruim, está atolada em pouco impressionantes 20%.

O que gera uma alta margem de lucro bruto é a vantagem competitiva durável da empresa, que lhe proporciona a liberdade de estabelecer o preço de seus produtos e serviços bem acima dos custos. Sem possuir uma vantagem competitiva, as companhias têm de reduzir o preço do produto ou serviço que estão vendendo. Essa queda, é claro, reduz suas margens de lucro e, portanto, sua rentabilidade.

Como uma regra muito geral (e existem exceções): empresas com margens de lucro bruto de 40% ou superiores tendem a ter algum tipo de vantagem competitiva durável. Companhias com margens de lucro bruto abaixo de 40% em geral atuam em setores altamente competitivos, nos quais a concorrência está afetando as margens de lucro geral (existem exceções aqui também). Uma margem de lucro bruto de 20% ou inferior costuma ser um bom indicador de um setor extremamente competitivo, no qual nenhuma empresa pode criar uma vantagem competitiva sustentável em relação às concorrentes. E uma companhia em um setor extremamente concorrido, sem qualquer tipo de vantagem competitiva a seu favor, nunca vai nos tornar ricos no longo prazo.

Embora não seja à prova de falhas, o teste da margem de lucro bruto é um dos primeiros indicadores de que a empresa em questão tem algum tipo de vantagem competitiva durável constante. Buffett enfatiza muito a palavra "durável" e, para que tenhamos segurança, temos de monitorar as margens anuais de lucro bruto dos últimos 10 anos para garantir que há "consistência". Buffett sabe que, quando procuramos organizações com uma vantagem competitiva durável, "consistência" é a palavra-chave.

Mas uma empresa com uma margem alta de lucro bruto pode perder o rumo de várias maneiras e ser privada de sua vantagem competitiva de longo prazo. Uma delas é ter muitas despesas de vendas e administrativas, outra é ter altos custos de pesquisa e uma terceira é ter altos custos de juros sobre dívidas. Qualquer um desses três custos pode destruir as condições econômicas da empresa.

CAPÍTULO 10

# Despesas operacionais: sob o olhar atento de Buffett

| **Demonstração do resultado do exercício** (em milhões de R$) | |
|---|---|
| Receita | 10.000 |
| Custo dos bens vendidos | 3.000 |
| Lucro bruto | 7.000 |
| → Despesas operacionais | |
| Despesas de vendas, gerais e administrativas | 2.100 |
| Pesquisa e desenvolvimento | 1.000 |
| Depreciação | 700 |
| Lucro operacional | 3.200 |

Logo abaixo da linha do Lucro bruto na demonstração do resultado do exercício vem um grupo de despesas chamadas operacionais. Trata-se de todos os custos associados a despesas de vendas e administrativas para a comercialização dos produtos, pesquisa e desenvolvimento de novos produtos, depreciação e amortização (encargos de deterioração) e a abrangente categoria "outros", que inclui todas as despesas não operacionais e não recorrentes.

Ao serem somados, esses lançamentos correspondem às despesas operacionais totais da empresa, que são então subtraídas do lucro bruto para nos informar o lucro ou o prejuízo operacional da empresa. Como todos esses lançamentos causam impacto na natureza econômica de longo prazo da companhia, é melhor dedicarmos os próximos capítulos a uma análise de cada um deles, como Buffett faria.

CAPÍTULO 11

# Despesas de vendas, gerais e administrativas

| **Demonstração do resultado do exercício** (em milhões de R$) | |
|---|---|
| Receita | 10.000 |
| Custo dos bens vendidos | 3.000 |
| → Lucro bruto | 7.000 |
| Despesas operacionais | |
| → Despesas de vendas, gerais e administrativas | 2.100 |
| Pesquisa e desenvolvimento | 1.000 |
| Depreciação | 700 |
| Lucro operacional | 3.200 |

Na demonstração do resultado do exercício, é no item Despesas de vendas, gerais e administrativas (VGA) que a empresa informa suas despesas diretas e indiretas com vendas, bem como todas as despesas gerais e administrativas durante o período contábil. Tais despesas incluem os salários da gerência, gastos com publicidade, com viagens, custas judiciais, comissões, todos os custos da folha de pagamentos e gastos desse tipo.

Em uma companhia como a Coca-Cola, essas despesas atingem a casa dos bilhões e causam um tremendo impacto em seu resultado final. Como uma porcentagem do lucro bruto, tais despesas variam muito de empresa para empresa. Variam até em organizações como a Coca-Cola, que tem uma vantagem competitiva durável. Constantemente, esta gasta, em média, 59% do seu lucro bruto em despesas VGA. Uma empresa como a Moody's gasta constantemente, em média, 25%, e a Procter & Gamble gasta constantemente 61%. "Constantemente" é a palavra-chave.

As companhias que não têm uma vantagem competitiva durável sofrem com a concorrência intensa e mostram grandes variações nas despesas VGA como porcentagem do lucro bruto. A GM, ao longo dos últimos cinco anos, passou de um patamar de gasto de 28% para um de 83% do seu lucro bruto com despesas VGA. A Ford, nos últimos cinco anos, gastou entre 89% e 780% do seu lucro bruto com despesas VGA, o que significa que está perdendo dinheiro loucamente. O que acontece é que as vendas começam a cair, o que significa uma queda na receita, mas as despesas VGA permanecem as mesmas. Se a empresa não consegue cortá-las suficientemente rápido, começa a dilapidar cada vez mais o seu lucro bruto.

Na busca por uma companhia com uma vantagem competitiva durável, quanto mais baixas forem as despesas VGA, melhor. Se for possível mantê-las constantemente baixas, melhor ainda. No mundo dos negócios, qualquer número abaixo de 30% é considerado fantástico. No entanto, há várias empresas que possuem uma vantagem competitiva durável cujas despesas VGA se encontram numa faixa entre 30% e 80%. Mas, se virmos uma organização que está repetidamente mostrando despesas VGA acima de 80%, é provável que estejamos lidando com um setor altamente competitivo, no qual nenhuma companhia tem uma vantagem competitiva sustentável.

Também existem empresas com despesas VGA baixas e médias que destroem as suas condições econômicas de longo prazo com altos custos de pesquisa e desenvolvimento, dispêndios com ativos fixos e/ou despesas com juros sobre as suas dívidas.

A Intel é um exemplo perfeito de uma empresa que tem um coeficiente baixo de despesas VGA em relação ao lucro bruto mas que, por causa dos altos custos com pesquisa e desenvolvimento, viu suas condições econômicas de longo prazo serem reduzidas a um patamar médio. No entanto, se a Intel parasse de realizar pesquisa e desenvolvimento, o seu atual lote de produtos ficaria obsoleto em 10 anos e ela teria de fechar.

A Goodyear Tire tem um coeficiente de 72% de despesas VGA em relação ao lucro bruto, mas seu alto dispêndio com ativos fixos e suas despesas com juros – sobre a dívida usada para financiar seu dispêndio com ativos fixos – arrastam a fabricante de pneus para o vermelho toda vez que há recessão. Entretanto, se não contraísse dívidas para realizar todos aqueles dispêndios/melhorias com ativos fixos, a Goodyear não permaneceria competitiva por muito tempo.

Buffett aprendeu a ficar longe de companhias amaldiçoadas com despesas VGA constantemente altas. Ele evita empresas desse tipo, a despeito da cotação, porque sabe que suas condições econômicas de longo prazo inerentes são tão ruins que mesmo uma cotação baixa das ações não salvará os investidores de toda uma vida de resultados medíocres.

CAPÍTULO 12

# Pesquisa e desenvolvimento: por que Buffett se mantém a distância

| **Demonstração do resultado do exercício** (em milhões de R$) | |
|---|---|
| Receita | 10.000 |
| Custo dos bens vendidos | 3.000 |
| → Lucro bruto | 7.000 |
| Despesas operacionais | |
| Despesas de vendas, gerais e administrativas | 2.100 |
| → Pesquisa e desenvolvimento | 1.000 |
| Depreciação | 700 |
| Lucro operacional | 3.200 |

O item Pesquisa e desenvolvimento é muito importante para identificarmos empresas com uma vantagem competitiva durável. O que parece uma vantagem competitiva de longo prazo muitas vezes é uma vantagem conferida à companhia por uma patente ou algum avanço tecnológico, como no caso das empresas farmacêuticas. Mas, em algum momento, a patente vai expirar e a vantagem competitiva vai desaparecer.

Se essa vantagem é o resultado de algum avanço tecnológico, sempre há a ameaça de que uma nova tecnologia o substitua. É por isso que a Microsoft tem tanto medo dos avanços tecnológicos do Google. A vantagem competitiva de hoje pode acabar se tornando a obsolescência de amanhã.

Essas empresas precisam não apenas gastar enormes quantidades de dinheiro com P&D, mas, por estarem constantemente tendo de inventar novos produtos, também reprojetam e atualizam seus programas de vendas, o que significa que também têm despesas de vendas e administrativas muito grandes. Pense no seguinte: a Merck precisa gastar 29% do seu lucro bruto em P&D e 49% em despesas de vendas, gerais e administrativas (VGA), que, combinadas, consomem no total 78% do seu lucro bruto. E mais: se não inventar o próximo medicamento que vai alcançar vendas multibilionárias, a Merck & Co. perderá sua vantagem competitiva quando as patentes existentes expirarem.

A Intel, embora seja líder em seu acelerado setor, deve constantemente gastar cerca de 30% do seu lucro bruto em P&D; se não o fizer, perderá a sua vantagem competitiva em apenas alguns anos.

A Moody's, empresa de *rating* de títulos, é há muito tempo uma das favoritas de Buffett, e por um bom motivo. Ela não tem despesas de P&D e gasta em média apenas 25% do seu lucro bruto com despesas VGA. A Coca-Cola, que também não tem custos de P&D, mas que tem de fazer muita publicidade, ainda assim gasta em média 59% do seu lucro bruto em despesas VGA. Com a Moody's e a Coca-Cola, Buffett não precisa passar a noite em claro achando que alguma patente vai expirar ou que a companhia não vai ganhar a corrida pelo próximo grande avanço tecnológico.

Eis, então, a regra de Buffett: empresas que precisam investir muito em P&D têm um falha inerente em sua vantagem competitiva que vai sempre pôr suas condições econômicas de longo prazo em risco, o que significa que não são seguras.

E, se não são seguras, ele não está interessado nelas.

CAPÍTULO 13

# Depreciação: uma despesa que Buffett não pode ignorar

| **Demonstração do resultado do exercício** (em milhões de R$) | |
|---|---|
| Receita | 10.000 |
| Custo dos bens vendidos | 3.000 |
| → Lucro bruto | 7.000 |
| Despesas operacionais | |
| Despesas de vendas, gerais e administrativas | 2.100 |
| Pesquisa e desenvolvimento | 1.000 |
| → Depreciação | 700 |
| Lucro operacional | 3.200 |

Todas as máquinas e os edifícios acabam sofrendo desgaste ao longo do tempo; esse desgaste é apresentado na demonstração do resultado do exercício sob o item Depreciação. Basicamente, o valor da depreciação de alguma coisa em determinado ano é uma despesa alocada em contraposição ao rendimento daquele mesmo ano. Isso faz sentido: é possível dizer que o valor da depreciação de um ativo foi usado na atividade da empresa que gerou o rendimento naquele ano.

Um exemplo: imagine que uma máquina de impressão é comprada pela gráfica XYZ por R$ 1 milhão e tem uma vida útil de 10 anos. Em razão dessa vida útil, a Receita Federal não permite que a empresa deduza integralmente o valor total no ano em que a compra foi realizada. Em vez disso, a despesa com a máquina deve ser distribuída ao longo dos 10 anos em que ela estiver em uso, o que significa que a XYZ irá depreciar a máquina de impressão a uma razão de R$ 100 mil por ano. A depreciação é um custo real dos negócios, pois, em algum momento no futuro, a máquina de impressão terá de ser substituída.

A compra da máquina fará com que – no balanço patrimonial – R$ 1 milhão sejam acrescentados ao ativo imobilizado. Então, nos 10 anos seguintes, o custo depreciado de R$ 100 mil por ano aparecerá na demonstração do resultado do exercício como uma despesa. No balanço patrimonial, a cada ano, R$ 100 mil serão subtraídos da conta do ativo imobilizado. O desembolso de R$ 1 milhão para a compra da máquina aparecerá na demonstração de fluxo de caixa sob o item dispêndio com ativos imobilizados. Gostaríamos de enfatizar que a despesa de R$ 1 milhão com a máquina não é apresentada no ano da compra, mas é alocada como uma despesa de depreciação na demonstração do resultado do exercício em parcelas de R$ 100 mil ao longo de um período de 10 anos.

Uma bela sacada que os profissionais de finanças de Wall Street perceberam é que, depois de a máquina de impressão ser comprada e quitada, a depreciação anual de R$ 100 mil não representa mais nenhum desembolso adicional de dinheiro, mas reduz o lucro que é informado anualmente à Receita Federal nos 10 anos seguintes. Isso significa que, numa perspectiva de curto prazo, a gráfica XYZ tem um custo anual que, na verdade, não está se traduzindo em nenhum desembolso adicional de dinheiro. Portanto, os encarregados das finanças em Wall Street podem voltar a acrescentar aquele custo de R$ 100 mil ao lucro, o que significa que o fluxo de caixa da empresa agora pode suportar mais dívidas para novos investimentos. O mercado financeiro tem um acrônimo para esse novo cálculo do lucro: eles o chamam de LAJIDA, ou seja, Lucro Antes de Juros, Impostos, Depreciação e Amortização.

Buffett afirma que, ao usar o LAJIDA, os analistas de Wall Street estão ignorando que, no fim, a máquina sofrerá desgaste e a empresa terá de gastar outro milhão de reais para comprar uma nova. Mas agora a companhia está sobrecarregada com uma tonelada de dívidas decorrentes dos novos investimentos e talvez não seja capaz de financiar a compra de uma nova máquina.

Buffett acredita que a depreciação é uma despesa real e sempre deve ser incluída em qualquer cálculo de lucro. Se fizéssemos o contrário, estaríamos nos iludindo a curto prazo, acreditando que a empresa está lucrando mais do que realmente está. E ninguém fica rico com ilusões.

O que Buffett descobriu é que companhias que têm uma vantagem competitiva durável tendem a ter custos de depreciação mais baixos em relação ao lucro bruto do que as empresas que sofrem os inconvenientes de uma concorrência intensa. Por exemplo, a despesa de depreciação da Coca-Cola fica constantemente por volta de 6% do lucro bruto, e a da Wrigley, outra companhia com uma vantagem competitiva durável, também fica por volta de 7%. Já a despesa de depreciação da Procter & Gamble, outra empresa favorita de Buffett há muito tempo, fica em aproximadamente 8%. Compare com o caso da GM, que atua num setor altamente competitivo e com uso intensivo de capital. A sua despesa de depreciação consome entre 22% e 57% do lucro bruto.

Como no caso de qualquer despesa que consome o lucro bruto de uma empresa, Buffett descobriu que menos sempre significa mais – quando se trata de aumentar o resultado financeiro.

CAPÍTULO 14

# Despesa com juros: o que Buffett não quer

| **Demonstração do resultado do exercício** (em milhões de R$) | |
|---|---|
| Receita | 10.000 |
| Custo dos bens vendidos | 3.000 |
| → Lucro bruto | 7.000 |
| Despesas operacionais | |
| Despesas de vendas, gerais e administrativas | 2.100 |
| Pesquisa e desenvolvimento | 1.000 |
| Depreciação | 700 |
| Lucro operacional | 3.200 |
| → Despesa com juros | 200 |

Despesa com juros é o lançamento dos juros pagos, durante o trimestre ou o ano, sobre a dívida que a empresa apresenta no balanço patrimonial como passivo. Embora seja possível para uma companhia receber mais juros do que pagar, como no caso de um banco, a maioria das empresas fabris e de varejo paga muito mais juros do que recebe.

Trata-se de um custo financeiro, não operacional, que fica isolado, pois não está ligado a nenhum processo produtivo ou de venda. Em vez disso, os juros refletem o endividamento total que a empresa apresenta em seu balanço. Quanto maior o endividamento, maior a quantidade de juros a ser paga.

As companhias que pagam muitos juros em relação ao seu lucro operacional tendem a ser de dois tipos: uma empresa que está num setor altamente competitivo, no qual grandes investimentos em ativos fixos são necessários para manter a competitividade, ou uma organização com condições econômicas excelentes que contraiu a dívida ao ser comprada em uma aquisição alavancada.

O que Buffett descobriu é que as empresas com uma vantagem competitiva durável muitas vezes têm pouca ou nenhuma despesa com juros. A Procter & Gamble gasta apenas 8% do seu lucro operacional em despesas com juros; a Wrigley Co. necessita gastar, em média, 7%. Compare essas duas companhias com a Goodyear, que atua no setor de pneus, altamente competitivo e com uso intensivo de capital. A Goodyear precisa gastar, em média, 49% do seu lucro operacional com o pagamento de juros.

Mesmo em empresas altamente competitivas, como as do setor de aviação, a quantidade de lucro operacional gasta com juros pode ser usada para identificar organizações com uma vantagem competitiva. A constantemente rentável Southwest Airlines gasta apenas 9% do seu lucro operacional com o pagamento de juros, ao passo que a sua concorrente United Airlines, que vive entrando e saindo da bancarrota, gasta 61%. Outra combalida concorrente da Southwest, a American Airlines, gasta astronômicos 92% do seu lucro operacional com o pagamento de juros.

Em geral, as empresas que possuem uma vantagem competitiva – e que são as preferidas de Buffett na categoria de produtos de consumo – têm despesas com juros inferiores a 15% do lucro operacional. Mas preste atenção, pois a porcentagem da despesa com juros em relação ao lucro operacional varia muito de um setor para outro. Por exemplo: o Wells Fargo, um banco no qual Buffett detém uma participação de 14%, gasta aproximadamente 30% do seu lucro operacional com o pagamento de juros, o que pode parecer alto em comparação com a Coca-Cola, embora, na verdade, entre os cinco maiores bancos dos Estados Unidos, o Wells Fargo seja o que tem o coeficiente mais baixo e atrativo.

O Wells Fargo também é o único com um nível de *rating* AAA da Standard & Poor's.

O coeficiente de despesa com juros em relação ao lucro operacional também pode indicar o nível de perigo econômico no qual uma empresa se encontra. Tome como base os bancos de investimentos, que, em média, gastam com o pagamento de juros cerca de 70% de seu lucro operacional. Um olhar atento teria identificado que, em 2006, o Bear Stearns informou que estava gastando 70% do seu lucro operacional com o pagamento de juros.

No entanto, no trimestre que terminou em novembro de 2007, a porcentagem da despesa com juros em relação ao lucro operacional havia saltado para 230%. Isso significa que o banco teve de mergulhar no patrimônio líquido dos seus acionistas para cobrir a diferença. Em uma operação altamente alavancada como a do Bear Stearns, isso era o prenúncio de um desastre.

Em março de 2008, o outrora poderoso Bear Stearns, cujas ações já haviam sido negociadas a até US$ 170 no ano anterior, foi forçado a se fundir com o JP Morgan Chase & Co. com um valor de apenas US$ 10 por ação.

CAPÍTULO 15

# Ganho (ou perda) com a venda de ativos e Outros

**Demonstração do resultado do exercício**
(em milhões de R$)

| | |
|---|---|
| Despesas operacionais | |
| Despesas de vendas, gerais e administrativas | 2.100 |
| Pesquisa e desenvolvimento | 1.000 |
| Depreciação | 700 |
| Lucro operacional | 3.200 |
| Despesa com juros | 200 |
| → Ganho (perda) com a venda de ativos | 1.275 |
| → Outros | 225 |

Quando uma empresa vende um ativo (que não o estoque), o lucro ou o prejuízo gerado pela venda é registrado sob Ganho (ou perda) com a venda de ativos. O lucro é a diferença entre os proventos da venda e o valor contábil mostrado nos livros da empresa. Se esta tem um edifício pelo qual pagou R$ 1 milhão e, depois de depreciá-lo para R$ 500 mil, o vendeu por R$ 800 mil, vai registrar um ganho de R$ 300 mil relativo à venda desse ativo. Da mesma maneira, se o edifício foi vendido por R$ 400 mil, a companhia vai registrar uma perda de R$ 100 mil.

O mesmo se aplica ao lançamento "Outros". É nesse item que eventos não operacionais, incomuns e infrequentes geradores de receita ou despesa são contabilizados na demonstração do resultado do exercício. Tais eventos podem incluir acordos de licenciamento e a venda de patentes, se forem categorizados como algo que não pertence ao curso normal dos negócios.

Às vezes, eventos não recorrentes podem ajudar muito o resultado financeiro de uma empresa. Por serem eventos *não recorrentes*, Buffett acredita que eles devem ser removidos de qualquer cálculo do lucro líquido para determinar se uma companhia tem ou não uma vantagem competitiva durável.

CAPÍTULO 16

# Lucro antes dos impostos: o número que Buffett usa

| **Demonstração do resultado do exercício**<br>(em milhões de R$) | |
|---|---|
| Despesas operacionais | |
| Despesas de vendas, gerais e administrativas | 2.100 |
| Pesquisa e desenvolvimento | 1.000 |
| Depreciação | 700 |
| Lucro operacional | 3.200 |
| Despesa com juros | 200 |
| Ganho (perda) com a venda de ativos | 1.275 |
| Outros | 225 |
| → Lucro antes dos impostos | 1.500 |

"Lucro antes dos impostos" designa o lucro de uma empresa após a dedução de todas as despesas, mas antes da subtração do imposto de renda. É o número que Buffett usa ao calcular o retorno que está obtendo ao comprar toda uma companhia, ou uma participação parcial, por meio da aquisição de suas ações no mercado aberto.

Com a exceção de investimentos isentos de impostos, todos os retornos de investimentos são calculados antes dos impostos. E, como todos os investimentos competem entre si, é mais fácil pensar sobre eles de forma equânime.

Quando comprou US$ 139 milhões em títulos isentos de impostos da Washington Public Power Supply System (WPPSS), que lhe renderam US$ 22,7 milhões por ano em dividendos isentos de impostos, Buffett considerou que US$ 22 milhões após impostos correspondiam a US$ 45 milhões antes dos impostos. Para comprar uma empresa que lhe rendesse US$ 45 milhões antes dos impostos, ele teria de gastar entre US$ 250 milhões e US$ 300 milhões. Portanto, ele viu os títulos da WPPSS como um negócio que ele estava comprando com 50% de desconto, em relação ao preço das outras companhias com condições econômicas semelhantes.

Buffett sempre levou em consideração o lucro de uma empresa antes dos impostos. Isso lhe permite pensar sobre uma companhia ou um investimento em relação a outros investimentos. Esse também é um dos pilares da sua revelação de que uma empresa com uma vantagem competitiva durável é, na verdade, uma espécie de *equity bond*, com um cupom ou uma taxa de juros crescente. Iremos explorar essa teoria do *equity bond* mais detalhadamente no fim do livro.

CAPÍTULO 17

# Imposto de renda pago: como Buffett sabe quem está dizendo a verdade

| **Demonstração do resultado do exercício**<br>(em milhões de R$) | |
|---|---|
| Despesas operacionais | |
| Despesas de vendas, gerais e administrativas | 2.100 |
| Pesquisa e desenvolvimento | 1.000 |
| Depreciação | 700 |
| Lucro operacional | 3.200 |
| Despesa com juros | 200 |
| Ganho (perda) com a venda de ativos | 1.275 |
| Outros | 225 |
| Lucro antes dos impostos | 1.500 |
| → Imposto de renda pago | 525 |

Como todo contribuinte, as empresas americanas têm de pagar impostos sobre a sua renda. Hoje, nos Estados Unidos, esse valor corresponde a aproximadamente 35% da renda. Quando pagos, os impostos são registrados na demonstração do resultado do exercício no item Imposto de renda pago.

O que é interessante no Imposto de renda pago é que esse lançamento reflete o verdadeiro lucro da empresa antes dos impostos. Às vezes, elas gostam de declarar que estão ganhando mais do que realmente estão. (Surpreendente, não?) Uma das maneiras de verificar se estão dizendo a verdade é por meio do exame da publicação de suas demonstrações anuais, vendo quanto de imposto de renda está sendo pago. Calcule 35% do número informado como lucro operacional antes dos impostos. Se o valor não for muito próximo ao relatado pela companhia como imposto de renda pago, é melhor começar a desconfiar.

Ao longo dos anos, Buffett aprendeu que as empresas que tentam enganar a Receita geralmente também tentam enganar seus acionistas. O melhor de uma organização que possui uma vantagem competitiva de longo prazo é que ela ganha tanto dinheiro que não precisa enganar ninguém para ter um belo resultado.

CAPÍTULO 18

# Lucro líquido: o que Buffett está procurando

| **Demonstração do resultado do exercício**<br>(em milhões de R$) | |
|---|---|
| Despesas operacionais | |
| Despesas de vendas, gerais e administrativas | 2.100 |
| Pesquisa e desenvolvimento | 1.000 |
| Depreciação | 700 |
| Lucro operacional | 3.200 |
| Despesa com juros | 200 |
| Ganho (perda) com a venda de ativos | 1.275 |
| Outros | 225 |
| Lucro antes dos impostos | 1.500 |
| Imposto de renda pago | 525 |
| → Lucro líquido | 975 |

Depois que todas as despesas e os impostos são deduzidos da receita, obtemos o Lucro líquido da empresa. É nesse item que verificamos quanto dinheiro ela ganhou depois de pagar o imposto de renda. Existem alguns conceitos que Buffett aplica ao analisar esse número e que o ajudam a determinar se a companhia tem uma vantagem competitiva durável ou não. Então, por que não começamos por aí?

A primeira etapa na lista é saber se o lucro líquido está ou não mostrando uma tendência histórica de alta. O lançamento do lucro líquido de um único ano não vale nada para Buffett; ele está interessado em saber se existe ou não consistência no lucro e se a tendência de longo prazo é alta – dois fatores que significam a "durabilidade" da vantagem competitiva. Para o investidor, o percurso não precisa ser sem percalços, mas ele está procurando uma tendência de alta.

Mas note: por causa de programas de recompra de ações, é possível que a tendência histórica do lucro líquido de uma empresa seja diferente da sua tendência histórica de lucro por ação. Os programas de recompra de ações aumentam o lucro por ação reduzindo o número de ações em circulação. Se uma companhia diminuir o número de ações em circulação, restringirá a quantidade de ações que estão sendo usadas para dividir o lucro líquido da empresa, o que, por sua vez, aumentará o lucro por ação, apesar de o lucro líquido real não ter aumentado. Em casos extremos, o programa de recompra de ações de uma organização pode até gerar um aumento do lucro por ação, ainda que ela esteja sofrendo uma redução do lucro líquido.

Embora a maior parte das análises financeiras se concentre no lucro por ação de uma empresa, Buffett analisa o lucro líquido dela para saber o que realmente está acontecendo.

O que ele aprendeu é que as empresas com uma vantagem competitiva durável apresentam uma porcentagem mais alta de lucro líquido em relação à receita total do que as concorrentes. Buffett afirmou que, se pudesse escolher entre uma companhia que está lucrando US$ 2 bilhões com uma receita total de US$ 10 bilhões e uma que está lucrando US$ 5 bilhões com uma receita total de US$ 100 bilhões, optaria pela primeira. Isso porque a empresa com um lucro líquido de US$ 2 bilhões está lucrando 20% sobre a receita total, ao passo que a que tem um lucro de US$ 5 bilhões está lucrando apenas 5% sobre a receita total.

Então, embora a receita total nos informe muito pouco acerca das condições econômicas da empresa, o coeficiente do lucro líquido em relação a ela pode nos revelar muito a respeito das condições econômicas de tal companhia em comparação com outras.

Uma empresa fantástica como a Coca-Cola tem um lucro de 21% da receita total, e a incrível Moody's lucra 31%, o que reflete as condições econômicas superlativas dos seus mercados. Mas uma companhia como a Southwest Airlines lucra apenas 7%, o que reflete a natureza altamente competitiva do setor de aviação, no qual nenhuma empresa tem uma vantagem competitiva de longo prazo em relação às concorrentes do mesmo setor. Por outro lado, a General Motors, mesmo em um ótimo ano – quando não está perdendo dinheiro –, lucra apenas 3% da receita total. Isso indica as condições econômicas ruins inerentes ao supercompetitivo setor automobilístico.

Uma regra simples (e há exceções) é que, se uma empresa está apresentando um histórico de lucros líquidos superiores a 20% da receita total, há boas chances de ela estar se beneficiando de algum tipo de vantagem competitiva de longo prazo. Da mesma maneira, se uma companhia está constantemente apresentando lucros líquidos inferiores a 10% da receita total, é bastante provável que o seu setor de atuação seja altamente competitivo, sem que nenhuma empresa tenha uma vantagem competitiva durável. Isso, é claro, deixa uma enorme zona de indefinição relativa às organizações que lucram entre 10% e 20% da receita total, uma área que está repleta de empresas que podem ser ótimos investimentos de longo prazo e que ninguém ainda garimpou.

Uma das exceções a essa regra são os bancos e as instituições financeiras, nos quais um coeficiente muito alto de lucro líquido em relação à receita total em geral significa desleixo por parte do departamento de gestão de risco. Embora pareçam atraentes, os números na verdade indicam a aceitação de um risco maior para a obtenção de dinheiro fácil, o que, no jogo dos empréstimos, normalmente é uma receita para se ganhar dinheiro rápido à custa de um desastre no longo prazo. E não é com desastres financeiros que nos tornamos ricos.

CAPÍTULO 19

# Lucro por ação: como Buffett distingue vencedores de perdedores

O lucro por ação é o lucro líquido da empresa no período em questão dividido por cada uma de suas ações. Esse é um número importante no mundo dos investimentos porque, normalmente, quanto mais uma companhia lucra por ação, mais alta é a cotação das suas ações. Para determinar o lucro por ação de uma empresa, pegamos o lucro líquido que ela obteve e o dividimos pelo número de ações em circulação. Por exemplo: se ela tem um lucro líquido de R$ 10 milhões em um ano e um milhão de ações em circulação, o seu lucro por ação será de R$ 10.

Embora o lucro por ação de um único ano não possa ser usado para identificar uma companhia com uma vantagem competitiva durável, esse mesmo número ao longo de um período de 10 anos pode nos indicar com bastante clareza se ela tem uma vantagem competitiva durável a seu favor. O que Buffett procura é um quadro de lucro por ação ao longo de um período de 10 anos que demonstre constância e uma tendência de alta.

Algo mais ou menos assim:

| | |
|---|---|
| 2008 | R$ 2,95 |
| 2007 | R$ 2,68 |
| 2006 | R$ 2,37 |
| 2005 | R$ 2,17 |
| 2004 | R$ 2,06 |
| 2003 | R$ 1,95 |
| 2002 | R$ 1,65 |

| | |
|---|---|
| 2001 | R$ 1,60 |
| 2000 | R$ 1,48 |
| 1999 | R$ 1,30 |
| 1998 | R$ 1,42 |

Isso mostra a Buffett que a empresa constantemente tem lucros com uma tendência de alta no longo prazo – um excelente sinal de que a companhia em questão tem algum tipo de vantagem competitiva de longo prazo a seu favor. Lucros constantes geralmente são um sinal de que ela está vendendo um produto ou um mix de produtos que não precisa passar pelo dispendioso processo de mudança. A tendência de alta nos lucros significa que as condições econômicas da companhia são suficientemente boas para permitir que ela faça as despesas necessárias a fim de aumentar sua participação de mercado por meio de publicidade ou de expansão, ou então que ela use ferramentas de engenharia financeira, como a recompra de ações.

As empresas das quais Buffett mantém distância têm um quadro de lucros errático mais ou menos assim:

| | |
|---|---|
| 2008 | R$ 2,50 |
| 2007 | R$ (0,45) prejuízo |
| 2006 | R$ 3,89 |
| 2005 | R$ (6,05) prejuízo |
| 2004 | R$ 6,39 |
| 2003 | R$ 5,03 |
| 2002 | R$ 3,35 |
| 2001 | R$ 1,77 |
| 2000 | R$ 6,68 |
| 1999 | R$ 8,53 |
| 1998 | R$ 5,24 |

Esse quadro demonstra uma tendência de baixa, pontuada por quedas, o que informa a Buffett que essa empresa está em um setor altamente competitivo sujeito a grandes expansões e retrações. As expansões aparecem quando a demanda é maior do que a oferta; quando a demanda é grande, a companhia aumenta sua produção para satisfazê-la, o que aumenta os custos e acaba gerando um excesso de oferta no setor. O excesso de oferta provoca a queda dos preços, o que significa que a empresa perde dinheiro até o surgimento de um novo período de expansão. Existem milhares de companhias assim, e as desvairadas variações na cotação das ações, causadas pelos lucros erráticos da empresa, criam a ilusão de oportunidades de compra para os investidores em valor tradicionais. Mas o que eles realmente estão comprando é uma longa e lenta viagem de barco que não chegará a lugar algum.

# O BALANÇO PATRIMONIAL

*"Uma das coisas que você irá descobrir – que é interessante e na qual as pessoas não pensam o suficiente – com a maioria das empresas e dos indivíduos é que a vida tende a atacá-lo em seu elo mais fraco. Minha experiência me mostrou que estes são os dois principais elos mais fracos: bebida e alavancagem – e alavancagem significa dinheiro emprestado."*

WARREN BUFFETT

CAPÍTULO 20

# O balanço patrimonial em geral

Uma das primeiras medidas que Buffett adota quando está tentando descobrir se uma empresa tem ou não uma vantagem competitiva durável é ver quanto ela possui em ativos – pense em dinheiro e propriedades – e quanto ela deve a fornecedores, bancos e debenturistas. Para isso, ele examina seu balanço patrimonial.

Ao contrário das demonstrações de resultado, os balanços patrimoniais se referem apenas a determinada data, não a um ano ou um trimestre. Podemos gerar um balanço patrimonial para qualquer dia do ano, mas ele será relativo só àquela data específica. O departamento contábil de uma empresa gera esse balanço no fim de cada trimestre fiscal. Considere-o um instantâneo da condição financeira da companhia na data específica em que ele foi gerado.

Um balanço patrimonial é dividido em duas partes: a primeira compreende todos os ativos, e existem muitos tipos diferentes. Incluem-se Caixa, Investimentos, Contas a receber, Estoques e Ativo imobilizado.

A segunda parte do balanço patrimonial compreende o passivo e o patrimônio líquido.

Sob o passivo, encontramos duas categorias diferentes: Passivo circulante e Passivo exigível a longo prazo (ou não circulante). O primeiro significa o dinheiro que é devido no prazo de até um ano, incluindo Contas a pagar, Despesas provisionadas, Dívida de curto prazo e Dívida de longo prazo a vencer.

O passivo exigível a longo prazo é o que vencerá dali a mais de um ano e inclui dinheiro devido a fornecedores que venderam bens, tributos diferidos, empréstimos bancários e debêntures.

Buffett, em sua busca por empresas com uma vantagem competitiva durável, está procurando algumas coisas específicas em cada categoria de ativo e passivo, que examinaremos um pouco mais adiante.

Agora, se pegarmos todo o ativo e subtrairmos dele o passivo, obteremos o patrimônio líquido da companhia. Por exemplo: se uma empresa tem US$ 100 mil de ativo e US$ 25 mil de passivo, o seu patrimônio líquido é de US$ 75 mil. Mas, se ela tem US$ 100 mil de ativo e US$ 175 mil de passivo, o seu patrimônio líquido negativo é de US$ 75 mil.

Ativo – Passivo = Patrimônio Líquido

Esse é o fim da cartilha do balanço patrimonial. Então, vamos ver como Buffett a aplica a todas as suas subcategorias para identificar uma empresa com uma vantagem competitiva durável em relação às suas concorrentes.

## Balanço patrimonial

(em milhões de R$)

| **Ativo** | | **Passivo** | |
|---|---|---|---|
| Caixa e investimentos de curto prazo | 4.208 | Contas a pagar | 1.380 |
| Estoque total | 2.220 | Despesas provisionadas | 5.535 |
| Contas a receber | 3.317 | Dívida de curto prazo | 5.919 |
| Despesas pagas antecipadamente | 2.260 | Dívida de longo prazo a vencer | 133 |
| Demais ativos circulantes | 0 | Demais passivos circulantes | 258 |
| Ativo circulante total | 12.005 | Passivo circulante total | 13.225 |
| Ativo imobilizado | 8.493 | Dívida de longo prazo | 3.277 |
| Fundo de comércio, valor líquido | 4.246 | Imposto de renda diferido | 1.890 |
| Ativos intangíveis, valor líquido | 7.863 | Participação minoritária | 0 |
| Investimentos de longo prazo | 7.777 | Demais passivos | 3.133 |
| Demais ativos de longo prazo | 2.675 | Passivo não circulante total | 8.300 |
| Demais ativos | 0 | Passivo total | 21.525 |
| Ativo não circulante total | 31.054 | | |
| Ativo total | 43.059 | **Patrimônio líquido** | |
| | | Ações preferenciais | 0 |
| | | Ações ordinárias | 1.296 |
| | | Reserva de capital (emissão de ações) | 7.378 |
| | | Lucro acumulado | 36.235 |
| | | Ações em tesouraria – ordinárias | -23.375 |
| | | Patrimônio líquido total | 21.534 |
| | | Passivo total e patrimônio líquido | 43.059 |

CAPÍTULO 21

# Ativo

| **Balanço patrimonial/Ativo** (em milhões de R$) | |
|---|---|
| Caixa e investimentos de curto prazo | 4.208 |
| Estoque total | 2.220 |
| Contas a receber | 3.317 |
| Despesas pagas antecipadamente | 2.260 |
| Demais ativos circulantes, total | 0 |
| Ativo circulante | 12.005 |
| Ativo imobilizado | 8.493 |
| Fundo de comércio, valor líquido | 4.246 |
| Ativos intangíveis, valor líquido | 7.863 |
| Investimentos de longo prazo | 7.777 |
| Demais ativos de longo prazo | 2.675 |
| Demais ativos | 0 |
| Ativo não circulante | 31.054 |
| Ativo total | 43.059 |

Todos os bens da empresa – o dinheiro, o ativo imobilizado, as patentes e tudo o que constitui riqueza – são registrados no balanço patrimonial sob o cabeçalho Ativo.

No balanço patrimonial, os profissionais da contabilidade dividiram há muito tempo o Ativo empresarial em dois grupos distintos: Ativo circulante e Ativo não circulante.

O Ativo circulante é constituído por "caixa", "investimentos de curto prazo", "contas a receber", "estoque" e um fundo geral chamado de "demais ativos circulantes". Recebe o nome de ativo circulante porque tais ativos estão imediatamente disponíveis, podem ou serão convertidos em dinheiro em um período muito curto (em até um ano). Tais ativos estão listados no balanço patrimonial por ordem de liquidez (ou seja, a rapidez com que podem ser transformados em dinheiro). O que ele tem de importante é a sua disponibilidade para ser transformado em dinheiro e gasto caso as condições econômicas da empresa comecem a se deteriorar e outras fontes de capital de giro cotidiano comecem a evaporar. (Se você não consegue imaginar fontes de capital de giro evaporando do dia para a noite, pense no Bear Stearns.)

Todos os outros ativos são os não circulantes, o que significa que não serão, ou não poderão ser, convertidos em dinheiro no ano seguinte; eles estão listados em uma categoria separada logo abaixo do Ativo circulante. Nessa categoria, entram os Investimentos de Longo Prazo, Ativo imobilizado, Fundo de comércio, Ativos Intangíveis e Demais Ativos.

Em conjunto, esses dois grupos de ativos constituem o ativo total. Individual e coletivamente, por meio de sua natureza e quantidade, eles informam a Buffett muitas coisas acerca do caráter econômico de uma companhia e se ela possui ou não a cobiçada vantagem competitiva durável que o tornará riquíssimo.

CAPÍTULO 22

# Ciclo do ativo circulante: como se ganha dinheiro

| **Balanço patrimonial/Ativo**<br>(em milhões de R$) | |
|---|---|
| → Caixa e investimentos de curto prazo | 4.208 |
| → Estoque total | 2.220 |
| → Contas a receber | 3.317 |
| Despesas pagas antecipadamente | 2.260 |
| Demais ativos circulantes | 0 |
| Ativo circulante total | 12.005 |

O ativo circulante também é conhecido como "ativo de giro" da empresa porque faz parte do ciclo do caixa que compra estoque; em seguida, o estoque é vendido a fornecedores e se torna contas a receber. As contas a receber, quando pagas pelos fornecedores, voltam a se tornar caixa. Caixa → Estoque → Contas a receber → Caixa. Esse ciclo se repete continuamente, e é assim que uma companhia ganha dinheiro.

Os diferentes elementos do ciclo do ativo circulante podem revelar muitas coisas a Buffett acerca da natureza econômica da empresa e se ela tem ou não uma vantagem competitiva durável no mercado.

CAPÍTULO 23

# Caixa e investimentos de curto prazo: a recompensa de Buffett

| **Balanço patrimonial/Ativo**<br>(em milhões de R$) | |
|---|---|
| → Caixa e investimentos de curto prazo | 4.208 |
| Estoque total | 2.220 |
| Contas a receber | 3.317 |
| Despesas pagas antecipadamente | 2.260 |
| Demais ativos circulantes | 0 |
| Ativo circulante total | 12.005 |

Uma das primeiras coisas que Buffett faz é analisar o ativo para ver de quanto caixa e investimentos de curto prazo uma empresa dispõe: certificados de depósitos bancários, letras de três meses do Tesouro ou outros ativos com grande liquidez. Uma cifra alta em caixa e investimentos de curto prazo podem informar a Buffett duas coisas: que uma companhia tem uma vantagem competitiva e está gerando montes de dinheiro, o que é uma boa coisa, ou que essa empresa acabou de vender um negócio ou uma tonelada de títulos, o que pode não ser uma boa notícia. Uma quantidade baixa ou a ausência de ativo disponível em geral significa que ela tem condições econômicas ruins ou medíocres. Para descobrir qual das duas opções é a válida, vamos analisar com um pouco mais de profundidade o ativo disponível.

As empresas tradicionalmente guardam muito ativo disponível para respaldar suas operações. Considere-o um enorme talão de cheques. Mas, se estamos ganhando mais do que estamos gastando, o ativo disponível começa a se acumular e isso cria um problema de investimento: o que fazer com o excedente? Que problema interessante!

Como o dinheiro recebe uma taxa baixa de remuneração em uma conta bancária ou em um certificado de depósito, é melhor empregar o ativo disponível em operações comerciais ou investimentos que geram uma taxa de retorno mais alta. O que você quer ter? Um certificado de depósito bancário que está rendendo 7% sobre o capital investido ou um apartamento que fará o seu investimento render 12%? Você escolhe o apartamento. O mesmo acontece com uma empresa. O dinheiro vai entrando e, se não for gasto com custos operacionais, começa a se acumular. Enquanto se acumula, a companhia precisa decidir o que fazer com ele. Tradicionalmente, elas usam o excedente de caixa para expandir suas operações, compram integralmente novas empresas, investem parcialmente na Bolsa de Valores, recompram suas ações ou pagam dividendos aos acionistas. Mas, com muita frequência, elas simplesmente guardam o excedente para dias difíceis. Nunca estamos financeiramente preparados em nosso mundo sempre mutável e desafiador.

Uma empresa tem basicamente três maneiras de gerar uma montanha de dinheiro. Pode vender novos títulos ou participação patrimonial ao público, o que gera uma grande quantidade de caixa antes de ele ser colocado em uso. Também pode vender um negócio existente ou outros ativos de sua propriedade. Ou, então, a companhia tem um negócio em curso que gera mais dinheiro do que gasta. É essa hipótese de uma montanha de dinheiro gerada que realmente chama a atenção de Buffett. Uma empresa que tem um excedente de caixa por causa de um negócio em andamento muitas vezes tem algum tipo de vantagem competitiva durável a seu favor.

Ao analisar uma companhia que esteja passando por um problema de curto prazo, fazendo com que a míope Wall Street reduza a cotação das suas ações, Buffett examina o ativo disponível ou os valores mobiliários negociáveis acumulados para saber se a empresa terá fôlego financeiro para superar a crise na qual se meteu.

Então, eis a regra: se virmos muito ativo disponível e valores mobiliários negociáveis e pouca, ou nenhuma, dívida, é bem provável que a companhia consiga superar os tempos difíceis. Mas, se está precisando muito de dinheiro e se percebe sentada sobre uma pilha de dívidas, a organização provavelmente é um navio que está afundando e que nem mesmo o mais habilidoso gestor poderá salvar.

Um teste simples para verificar exatamente o que está gerando todo o ativo disponível é fazer a análise dos balanços patrimoniais dos últimos sete anos. Isso revelará se o ativo disponível acumulado foi criado por um evento único – tal como a venda de novos títulos ou ações, ou a venda de um ativo ou de um negócio existente –, ou se foi gerado por operações comerciais em curso. Se virmos um monte de dívidas, provavelmente não estaremos lidando com uma empresa excepcional. Mas, se virmos um monte de ativos disponíveis se acumulando, pouca ou nenhuma dívida, e nenhuma venda de ações ou ativos, e além disso notarmos também um histórico de lucro constante, provavelmente estaremos diante de uma companhia excelente com a vantagem competitiva durável que Buffett está procurando – o tipo de organização que nos tornará ricos no longo prazo.

Para não esquecermos: ativo disponível é essencial em tempos difíceis, portanto, se nós o tivermos e nossas concorrentes não, nós é que vamos dar as cartas.

E dar as cartas é tão bom quanto dizem.

CAPÍTULO 24

# Estoque: o que a empresa precisa comprar e vender

| **Balanço patrimonial/Ativo**<br>(em milhões de R$) | |
|---|---|
| Caixa e investimentos de curto prazo | 4.208 |
| → Estoque total | 2.220 |
| Contas a receber | 3.317 |
| Despesas pagas antecipadamente | 2.260 |
| Demais ativos circulantes | 0 |
| Ativo circulante total | 12.005 |

O Estoque é formado pelos produtos da empresa que estão armazenados para serem vendidos aos seus clientes, e também pelos produtos em fase de fabricação e pela matéria-prima, nas indústrias. Como um balanço patrimonial se refere sempre a um dia específico, a quantidade encontrada no balanço patrimonial é o valor do estoque da empresa naquela data.

Em muitas companhias, há o risco de o estoque se tornar obsoleto. Mas, como discutimos previamente, as empresas fabris com uma vantagem competitiva durável têm um ponto a seu favor, pois os produtos que elas vendem nunca mudam e, portanto, nunca se tornam obsoletos. Essa é uma vantagem que Buffett quer ver.

Ao tentar identificar uma companhia fabril com uma vantagem competitiva durável, procure um estoque e um lucro líquido que estão constantemente em aumento. Isso indica que ela está encontrando maneiras rentáveis de aumentar as vendas, e esse aumento exigiu um aumento do estoque para que ela pudesse satisfazer seus pedidos em tempo.

Empresas fabris com estoques que aumentam rapidamente durante alguns anos e que, depois, com a mesma rapidez, são reduzidos, muito provavelmente fazem parte de um setor altamente competitivo sujeito a expansões e retrações. E ninguém enriquece com retrações.

CAPÍTULO 25

# Contas a receber, saldo líquido: dinheiro devido à empresa

| **Balanço patrimonial/Ativo**<br>(em milhões de R$) | |
|---|---|
| Caixa e investimentos de curto prazo | 4.208 |
| Estoque total | 2.220 |
| → Contas a receber | 3.317 |
| Despesas pagas antecipadamente | 2.260 |
| Demais ativos circulantes | 0 |
| Ativo circulante total | 12.005 |

Quando uma empresa vende seus produtos, isso é feito com base em um pagamento à vista ou com prazo de 30 dias ou mais após o recebimento dos bens por parte do comprador. As vendas nessa espécie de limbo, no qual a entrada de caixa é postergada, dão origem a Contas a receber. Trata-se de dinheiro devido à empresa. Como certa porcentagem de compradores aos quais foram vendidos bens não efetuará o pagamento, uma quantidade estimada de dívidas incobráveis é deduzida das Contas a receber, e essa provisão é abatida do lucro.

O Contas a receber por si só nos informa muito pouco sobre a vantagem competitiva de longo prazo da empresa. No entanto, esse valor nos revela muito sobre as várias empresas do mesmo setor. Em setores muito competitivos, algumas companhias tentarão ganhar vantagem oferecendo melhores condições de pagamento – em vez de 30 dias, elas podem oferecer aos compradores 120 dias. Isso acarretará um aumento nas vendas e nas contas a receber.

Se uma empresa está constantemente mostrando uma porcentagem mais baixa de Contas a receber em relação às Vendas brutas do que suas concorrentes, geralmente é porque ela tem a seu favor algum tipo de vantagem competitiva que as outras não têm.

CAPÍTULO 26

# Despesas pagas antecipadamente/ Demais ativos circulantes

| **Balanço patrimonial/Ativo**<br>(em milhões de R$) | |
|---|---|
| Caixa e investimentos de curto prazo | 4.208 |
| Estoque total | 2.220 |
| Contas a receber | 3.317 |
| → Despesas pagas antecipadamente | 2.260 |
| → Demais ativos circulantes | 0 |
| Ativo circulante total | 12.005 |

As empresas às vezes pagam por bens e serviços que vão receber no futuro próximo, embora ainda não tenham tomado posse dos bens ou recebido os benefícios do serviço. Apesar de não terem sido recebidos, estão pagos, portanto, são ativos. Eles são lançados como ativo circulante na conta de Despesas pagas antecipadamente. Prêmios de seguros para o ano seguinte, que são pagos previamente, seriam uma dessas despesas pagas de maneira antecipada. As Despesas pagas antecipadamente nos oferecem poucas informações sobre a natureza da companhia ou sobre uma eventual vantagem competitiva durável.

Os demais ativos circulantes são ativos que estarão disponíveis no prazo de um ano, mas que ainda não foram recebidos pela empresa. Aí estão incluídas restituições diferidas de tributos, que devem ser recebidas em até um ano, mas que ainda não estão com a companhia.

CAPÍTULO 27

# Ativo circulante total e o coeficiente de liquidez

| **Balanço patrimonial** (em milhões de R$) | |
|---|---|
| Caixa e investimentos de curto prazo | 4.208 |
| Estoque total | 2.220 |
| Contas a receber | 3.317 |
| Despesas pagas antecipadamente | 2.260 |
| Demais ativos circulantes | 0 |
| → Ativo circulante total | 12.005 |

O Ativo circulante total é um número que há muito tempo desempenha um papel importante na análise financeira. Os analistas têm tradicionalmente argumentado que a subtração do passivo circulante do ativo circulante indica se uma empresa pode cumprir suas obrigações de curto prazo. Eles desenvolveram o coeficiente de liquidez, que deriva da divisão do ativo circulante pelo passivo circulante – quanto mais alto o coeficiente, maior a liquidez da empresa. Um coeficiente de liquidez superior a 1 é considerado bom, e qualquer coisa abaixo de 1 é considerada ruim. Neste caso, acredita-se que a companhia terá dificuldade em cumprir suas obrigações de curto prazo junto a seus credores.

O mais curioso em muitas empresas que possuem uma vantagem competitiva durável é que, com bastante frequência, seu coeficiente de liquidez fica abaixo do mágico 1. O da Moody's fica em 0,64; o da Coca-Cola, em 0,95; o da Procter & Gamble, em 0,82; e o da Anheuser-Busch, em 0,88. De uma perspectiva tradicional, isso significa que tais organizações podem ter dificuldades para pagar suas obrigações de curto prazo. O que está realmente acontecendo é que seu poder de gerar lucro é tão forte que elas podem facilmente cobrir seu passivo circulante. Da mesma maneira, por causa de seu tremendo poder de geração de lucro, essas companhias não têm problema para utilizar com baixo custo o mercado de papéis comerciais caso precisem de mais ativo de curto prazo.

Elas também podem pagar generosos dividendos e realizar recompras de ações, que são iniciativas que reduzem as reservas de ativo circulante e ajudam a puxar o coeficiente de liquidez para menos de 1. Mas é a consistência do seu poder de geração de lucro, uma consequência de sua vantagem competitiva durável, que garante que essas empresas possam cobrir seu passivo circulante e não sejam vítimas das vicissitudes dos ciclos de negócios e das recessões.

Em suma, há muitas companhias com uma vantagem competitiva durável que têm coeficientes de liquidez inferiores a 1. Elas criam uma anomalia que torna esse coeficiente quase inútil para que possamos identificar se uma empresa tem ou não uma vantagem competitiva durável.

CAPÍTULO 28

# Ativo imobilizado: para Buffett, não tê-lo pode ser uma boa coisa

| **Balanço patrimonial/Ativo**<br>(em milhões de R$) | |
|---|---|
| Ativo circulante total | 12.005 |
| → Ativo imobilizado | 8.493 |
| Fundo de comércio, valor líquido | 4.246 |
| Ativos intangíveis, valor líquido | 7.863 |
| Investimentos de longo prazo | 7.777 |
| Demais ativos de longo prazo | 2.675 |
| Demais ativos | 0 |
| Ativo não circulante total | 31.054 |
| Ativo total | 43.059 |

O valor total das propriedades de uma empresa, da sua fábrica e de seus equipamentos é indicado no balanço patrimonial como um ativo. O lançamento corresponde ao seu valor original menos a depreciação acumulada. Depreciação, como explicamos anteriormente, é o que acontece à medida que o ativo imobilizado sofre desgaste; a cada ano, o ativo imobilizado perde um pouco do seu valor.

Companhias que não têm uma vantagem competitiva de longo prazo enfrentam concorrência constante, o que significa que elas precisam o tempo todo aprimorar suas instalações fabris para tentarem se manter competitivas, muitas vezes antes que os equipamentos estejam desgastados. Isso, é claro, cria uma despesa constante que muitas vezes é bastante significativa e vai se acumulando no valor do ativo imobilizado lançado pela empresa em seu balanço patrimonial.

Uma companhia com uma vantagem competitiva durável não precisa modernizar constantemente sua fábrica e seus equipamentos para se manter competitiva. Veja o caso da fabricante de chicletes Wrigley. Ela construiu uma fábrica que produz goma de mascar e só precisa modernizar as instalações e os equipamentos quando eles estiverem desgastados.

A empresa que possui uma vantagem competitiva durável, portanto, substitui seu ativo imobilizado à medida que ele vai se desgastando, ao passo que a que não tem uma vantagem competitiva durável tem de substituir seu ativo imobilizado para se manter par a par com a concorrência.

Uma companhia com uma vantagem competitiva durável será capaz de financiar internamente fábricas e equipamentos novos. Mas uma que não tenha essa vantagem será forçada a contrair dívidas para financiar sua necessidade constante de reequipar suas fábricas para se manter em dia com a concorrência.

Vemos isso ao observar uma empresa com uma vantagem competitiva de longo prazo, como a Wrigley, que tem um ativo imobilizado de US$ 1,4 bilhão, dívidas no valor de US$ 1 bilhão e um lucro de aproximadamente US$ 500 milhões por ano. Compare-a com uma companhia sem uma vantagem competitiva durável, como a GM, que tem um ativo imobilizado de US$ 56 bilhões, dívidas no valor de US$ 40 bilhões e teve prejuízo nos últimos dois anos.

Goma de mascar não é um produto que muda muito, e a marca Wrigley garante uma vantagem competitiva em relação às empresas rivais. Mas a GM tem de competir diretamente com todas as montadoras de automóveis do planeta, e seu mix de produtos precisa ser constantemente atualizado e reprojetado para permanecer à frente da concorrência. Isso significa que as fábricas da GM precisam ser regularmente reequipadas para produzir novos bens.

Produzir goma de mascar é um negócio muito melhor e rentável para os acionistas do que produzir carros. Pense no seguinte:

US$ 100 mil investidos na Wrigley em 1990 valeriam aproximadamente US$ 547 mil em 2008. Mas US$ 100 mil investidos na GM em 1990 valeriam cerca de US$ 97 mil em 2008. Isso significa uma diferença de US$ 460 mil a favor dos acionistas da Wrigley. Eles foram mascando chiclete alegremente rumo à riqueza, ao passo que os acionistas da GM viram sua riqueza derrapar e despencar de uma ribanceira.

Como Buffett costuma dizer, fabricar um produto consistente, que não precisa mudar, significa ter lucro constante. Um produto sólido significa que você não precisa gastar montes de dinheiro modernizando seu ativo imobilizado só para se manter competitivo, o que libera muito dinheiro para outros empreendimentos rentáveis. Para enriquecer, temos primeiro de ganhar dinheiro, e ganhar muito ajuda. Uma das maneiras é não ser obrigado a gastar grandes quantias para se manter par a par com a concorrência.

CAPÍTULO 29

# Fundo de comércio

| **Balanço Patrimonial/Ativo** (em milhões de R$) | |
|---|---|
| Ativo circulante total | 12.005 |
| Ativo imobilizado | 8.493 |
| → Fundo de comércio, valor líquido | 4.246 |
| Outros ativos intangíveis, valor líquido | 7.863 |
| Investimentos (participações permanentes em outras empresas) | 7.777 |
| Investimentos (outros direitos) | 2.675 |
| Ativo não circulante total | 31.054 |
| Ativo total | 43.059 |

Quando a Exxon compra a empresa petrolífera XYZ e paga um valor superior ao seu valor contábil, o excedente é lançado no balanço patrimonial daquela como fundo de comércio. Se comprarmos muitas companhias por um valor superior ao seu valor contábil, acabaremos com um fundo de comércio alto no nosso balanço patrimonial.

O fundo de comércio costumava ser abatido do lucro da empresa por meio de um processo de depreciação, o que causava um débito anual em relação ao lucro na demonstração de resultados. Mais recentemente, o Fasb (Financial Accounting Standards Board)* decidiu que o fundo de comércio só teria de ser

* Comissão de Padrões de Contabilidade Financeira, órgão que estabelece os princípios gerais adotados na elaboração de demonstrativos financeiros e/ou relatórios de empresas nos Estados Unidos. (N. do E.)

amortizado se a empresa à qual estava vinculado estivesse perdendo valor.

Toda vez que constatamos um aumento no fundo de comércio de uma empresa ao longo de alguns anos, podemos deduzir que o motivo são aquisições de outras companhias. Isso pode ser uma boa coisa se a organização estiver comprando outras que também tenham uma vantagem competitiva durável. Se a conta de fundo de comércio permanece igual ao longo dos anos, é porque a empresa está comprando outra companhia por um valor inferior ao seu valor contábil ou não está fazendo nenhuma aquisição.

As empresas que têm algum tipo de vantagem competitiva durável quase nunca são vendidas por um valor inferior ao valor contábil. Dizemos quase nunca, mas, às vezes, isso acontece. E, quando acontece, pode ser a grande chance de uma vida.

CAPÍTULO 30

# Ativos intangíveis: medindo o incomensurável

| **Balanço patrimonial/Ativo**<br>(em milhões de R$) | |
|---|---|
| Ativo circulante total | 12.005 |
| Ativo imobilizado | 8.493 |
| Fundo de comércio, valor líquido | 4.246 |
| → Ativos intangíveis, valor líquido | 7.863 |
| Investimentos de longo prazo | 7.777 |
| Demais ativos de longo prazo | 2.675 |
| Ativo não circulante total | 31.054 |
| Ativo total | 43.059 |

Ativos intangíveis não podem ser tocados fisicamente e incluem patentes, direitos autorais, marcas registradas, franquias e coisas desse tipo. Há muito tempo, uma empresa podia lançar no item ativos intangíveis qualquer avaliação antiga que considerasse válida. Isso causou algumas avaliações muito interessantes e muitos abusos. Atualmente, as companhias não podem lançar ativos intangíveis desenvolvidos internamente no balanço patrimonial. Isso pôs um fim a adulterações do balanço patrimonial com avaliações fantasiosas de ativos intangíveis.

Os ativos intangíveis que são adquiridos de terceiros, no entanto, são lançados no balanço patrimonial com seu valor justo. Se um ativo tem uma vida finita – como uma patente –, o seu valor é amortizado ao longo de sua vida útil com uma dedução lançada anualmente na demonstração do resultado do exercício e no balanço patrimonial.

Um fenômeno estranho ocorre com empresas que se beneficiam de uma vantagem competitiva durável. Vejamos o exemplo da Coca-Cola Company: a marca Coca-Cola vale mais de US$ 100 bilhões; no entanto, por ter sido desenvolvida internamente, o seu valor real como ativo intangível não é refletido no balanço patrimonial da companhia. O mesmo se aplica à Wrigley, à Pepsi Co., ao McDonald's e até mesmo ao Wal-Mart. Cada uma delas tem uma vantagem competitiva durável vinculada diretamente ao seu nome; porém, o valor do seu ativo mais valioso, o seu nome, não é reconhecido em seu balanço patrimonial.

Esse é um dos motivos pelos quais o poder da vantagem competitiva durável de aumentar a riqueza dos acionistas permaneceu escondido dos investidores por tanto tempo. A menos que comparem 10 anos de demonstrações de resultado, os investidores não têm como saber da existência de tal vantagem competitiva ou do seu potencial para torná-los riquíssimos. Foi assim que Buffett pôde comprar grandes participações em empresas tão visíveis como a Coca-Cola enquanto todos observavam. No entanto, ninguém sabia por que ele estava fazendo aquilo. A Coca-Cola era cara demais para fazer sentido para os investidores em valor que seguiam Graham, e a sua cotação não era suficientemente volátil para ser interessante para os negociantes de Wall Street. O que Buffett conseguiu ver foi a vantagem competitiva durável da Coca-Cola e o poder de geração de lucro no longo prazo por ela proporcionado. Um poder de geração de lucro que, ao longo do tempo, o ajudaria a se tornar o homem mais rico do mundo.

CAPÍTULO 31

# Investimentos de longo prazo: um dos segredos do sucesso de Buffett

| **Balanço patrimonial/Ativo** (em milhões de R$) | |
|---|---|
| Ativo circulante total | 12.005 |
| Ativo imobilizado | 8.493 |
| Fundo de comércio, valor líquido | 4.246 |
| Ativos intangíveis, valor líquido | 7.863 |
| → Investimentos de longo prazo | 7.777 |
| Demais ativos de longo prazo | 2.675 |
| Ativo não circulante total | 31.054 |
| Ativo total | 43.059 |

Essa é uma conta de ativos, no balanço patrimonial de uma empresa, no qual é registrado o valor dos investimentos de longo prazo (superiores a um ano), tais como ações, títulos e imóveis. Essa conta inclui investimentos nas afiliadas e subsidiárias da companhia. O que é interessante na conta de investimentos de longo prazo é que essa classe de ativo é lançada nos livros com seu preço de custo ou de mercado, o que for mais baixo. Mas o lançamento não pode ser feito com um preço superior ao do custo mesmo que os investimentos tenham se valorizado. Isso significa que uma empresa pode ter um ativo muito valioso que está lançado em seus livros com um valor consideravelmente mais baixo do que o seu preço de mercado.

Os investimentos de longo prazo podem nos informar muito acerca da tendência de investimentos da direção da empresa. Ela investe em outras companhias que possuem vantagens competitivas duráveis ou que estão em mercados altamente competitivos? Às vezes, vemos a equipe de gestão de uma empresa maravilhosa fazendo investimentos em negócios medíocres simplesmente porque acha que maior é melhor. Em algumas ocasiões, vemos algum gestor iluminado de uma empresa medíocre fazendo investimentos em organizações que têm uma vantagem competitiva durável.

Foi assim que Buffett transformou a sua *holding*, a Berkshire Hathaway, no império que é hoje. Ela já foi uma empresa medíocre no altamente competitivo setor têxtil. Buffett comprou uma participação controladora, parou de pagar dividendos a fim de acumular ativo disponível e, depois, usou o capital de giro da companhia para comprar uma seguradora. Em seguida, utilizando o ativo da seguradora, ao longo de 40 anos, foi comprando empresas que possuíam vantagens competitivas duráveis.

Se você atribuir uma vantagem competitiva durável a uma empresa medíocre várias vezes, ela se tornará uma grande companhia.

CAPÍTULO 32

# Demais ativos de longo prazo

| **Balanço patrimonial/Ativo**<br>(em milhões de R$) | |
|---|---|
| Ativo circulante total | 12.005 |
| Ativo imobilizado | 8.493 |
| Fundo de comércio, valor líquido | 4.246 |
| Ativos intangíveis, valor líquido | 7.863 |
| Investimentos de longo prazo | 7.777 |
| → Demais ativos de longo prazo | 2.675 |
| Ativo não circulante total | 31.054 |
| Ativo total | 43.059 |

Pense em "Demais ativos de longo prazo" como um conjunto gigante de ativos de longo prazo – com vida útil superior a um ano – que não são registrados nas categorias de Ativo imobilizado, Fundo de comércio, Ativos intangíveis e Investimentos de longo prazo. Um exemplo de lançamento na rubrica Demais ativos de longo prazo seriam despesas pagas antecipadamente e restituições de tributos que deverão ser recebidas nos anos seguintes.

Os Demais ativos de longo prazo têm pouco a nos informar acerca da eventual vantagem competitiva durável da empresa em questão.

## CAPÍTULO 33

# Ativo total e retorno sobre o ativo total

| **Balanço patrimonial/Ativo**<br>(em milhões de R$) | |
|---|---|
| Ativo circulante total | 12.005 |
| Ativo imobilizado | 8.493 |
| Fundo de comércio, valor líquido | 4.246 |
| Ativos intangíveis, valor líquido | 7.863 |
| Investimentos de longo prazo | 7.777 |
| Demais ativos de longo prazo | 2.675 |
| Ativo não circulante total | 31.054 |
| → Ativo total | 43.059 |

Adicionando o Ativo circulante ao Ativo de longo prazo (não circulante) obtemos o Ativo total da empresa. O Ativo total corresponde ao Passivo total acrescido do Patrimônio líquido. Eles estão balanceados entre si, e é por essa razão que o documento recebe o nome de Balanço patrimonial.

Esse número é importante para determinar em que medida a companhia é eficiente na utilização dos seus ativos. Para medir sua eficiência, analistas criaram o coeficiente de retorno sobre o ativo, que é calculado dividindo-se o lucro líquido pelo ativo total.

No entanto, o capital sempre representa uma barreira para a entrada em qualquer setor, e um dos fatores que ajuda a tornar durável a vantagem competitiva de uma empresa é o custo dos ativos necessários para se entrar no jogo. A Coca-Cola tem um ativo de US$ 43 bilhões e um retorno sobre o ativo de 12%; a

Procter & Gamble tem um ativo de US$ 143 bilhões e um retorno sobre o ativo de 7%. Mas uma companhia como a Moody's, que tem um ativo de US$ 1,7 bilhão, apresenta um retorno sobre o ativo de 43%.

Embora muitos analistas argumentem que quanto maior o retorno sobre o ativo, melhor, Buffett descobriu que retornos sobre o ativo realmente altos podem indicar um aspecto vulnerável na durabilidade da vantagem competitiva de uma empresa. Levantar US$ 43 bilhões para enfrentar a Coca-Cola é uma tarefa impossível – não há chance de isso acontecer. Mas levantar US$ 1,7 bilhão para enfrentar a Moody's é algo possível. Apesar de o coeficiente de retorno da Moody's ser muito superior ao da Coca-Cola, a durabilidade da vantagem competitiva daquela companhia é muito mais fraca por causa do custo mais baixo para se entrar no seu negócio.

A lição é que, às vezes, mais pode na verdade significar menos no longo prazo.

CAPÍTULO 34

# Passivo circulante

| **Balanço patrimonial/Passivo** (em milhões de R$) | |
|---|---|
| Contas a pagar | 1.380 |
| Despesas provisionadas | 5.535 |
| Dívida de curto prazo | 5.919 |
| Dívida de longo prazo a vencer | 133 |
| Demais passivos circulantes | 258 |
| Passivo circulante total | 13.225 |

O passivo circulante são as dívidas e obrigações que a empresa tem a saldar e que vencerão no prazo de até um ano. Esses itens são encontrados no balanço patrimonial nos lançamentos Contas a pagar, Despesas provisionadas, Dívida de curto prazo, Dívida de longo prazo a vencer e Demais passivos circulantes. Vamos dar uma olhada nesses lançamentos e ver o que eles podem nos informar acerca de uma eventual vantagem competitiva durável de uma companhia em relação às suas concorrentes.

CAPÍTULO 35

# Contas a pagar, despesas provisionadas e demais passivos circulantes

| **Balanço patrimonial/Passivo**<br>(em milhões de R$) | |
|---|---|
| → Contas a pagar | 1.380 |
| → Despesas provisionadas | 5.535 |
| Dívida de curto prazo | 5.919 |
| Dívida de longo prazo a vencer | 133 |
| → Demais passivos circulantes | 258 |
| Passivo circulante total | 13.225 |

As contas a pagar são o dinheiro devido a fornecedores que venderam a crédito bens e serviços à empresa. Fazemos um pedido de 500 quilos de papel e o fornecedor o envia com uma fatura, ou seja, uma conta a pagar.

As despesas provisionadas são gastos em que a companhia incorreu, mas que ainda precisam ser pagos. Essas despesas incluem tributos sobre vendas, salários, encargos sociais e aluguel a pagar. Contratamos alguém e informamos que ele será pago no fim do mês; cada dia trabalhado até o fim do mês é contabilizado como uma despesa provisionada.

Os demais passivos são um fundo geral para dívidas de curto prazo que não entram em nenhuma das categorias mencionadas anteriormente.

Contas a pagar, Despesas provisionadas e Demais passivos circulantes nos revelam muito sobre a situação atual de uma empresa, mas, como lançamentos independentes, nos informam pouco sobre a natureza econômica de longo prazo da companhia e sobre uma eventual vantagem competitiva durável. Todavia, a quantidade de dívidas de curto e longo prazos pode nos revelar muito sobre as condições econômicas de longo prazo de uma empresa e se ela tem ou não uma vantagem competitiva durável.

CAPÍTULO 36

# Dívida de curto prazo: como isso pode acabar com uma instituição financeira

| **Balanço patrimonial/Passivo** (em milhões de R$) | |
|---|---|
| Contas a pagar | 1.380 |
| Despesas provisionadas | 5.535 |
| → Dívida de curto prazo | 5.919 |
| Dívida de longo prazo a vencer | 133 |
| Demais passivos circulantes | 258 |
| Passivo circulante total | 13.225 |

Dívida de curto prazo é o dinheiro devido pela empresa e com vencimento no próximo ano. Nesse item estão incluídos títulos negociáveis e empréstimos bancários de curto prazo.

Historicamente, o dinheiro de curto prazo tem sido mais barato do que o de longo prazo. Isso significa que é possível ganhar dinheiro contraindo empréstimos no curto prazo e oferecendo empréstimos no longo prazo.

Por exemplo, contraímos empréstimos de curto prazo a 5% e emprestamos esse dinheiro no longo prazo a 7% – parece muito fácil. Mas o problema com essa estratégia é que o dinheiro que tomamos emprestado é de curto prazo. Isso significa que temos de quitar a dívida no prazo máximo de um ano, o que é bastante fácil – simplesmente tomamos emprestado mais dinheiro de curto prazo para pagar a dívida de curto prazo que está vencendo.

No jargão financeiro, isso é conhecido como "rolar a dívida". E tudo funciona bem até as taxas de juros no curto prazo saltarem para um patamar superior ao da taxa de longo prazo dos empréstimos que concedemos, que era de 7%. Claro, aquela parecia uma ótima ideia quando as taxas de juros de curto prazo estavam em 5%, mas, agora que pularam para 8%, temos de refinanciar a nossa dívida de curto prazo a uma taxa superior à que usamos para conceder empréstimos. E isso não nos deixa felizes.

Outra parte da equação desastrosa da tomada de empréstimos é o que acontece quando emprestamos todo o dinheiro a longo prazo, mas nossos credores decidem não nos emprestar mais nenhum dinheiro a curto prazo. De repente, temos de devolver todo o dinheiro que tomamos emprestado a curto prazo e que emprestamos a longo prazo. Mas não temos esse dinheiro porque o emprestamos a longo prazo, o que significa que não o receberemos de volta por muitos e muitos anos.

Foi o que aconteceu com o Bear Stearns: eles fizeram empréstimos a curto prazo e compraram valores mobiliários lastreados em hipotecas, usando-os como garantia para os empréstimos de curto prazo. Mas, um dia, seus credores disseram: "Achamos que a garantia não vale o que vocês nos informaram, portanto, não vamos emprestar mais dinheiro para vocês e queremos receber as somas que já emprestamos." Não foi uma posição muito confortável para o Bear Stearns.

A maneira mais inteligente e segura de ganhar dinheiro no setor bancário é tomar emprestado a longo prazo e conceder empréstimos de longo prazo. É por isso que os bancos estão sempre tentando nos prender com certificados de depósito bancário de dois anos ou mais. Não é o dinheiro que se ganha facilmente contraindo empréstimos de curto prazo e concedendo empréstimos de longo prazo, mas é uma maneira mais sensata e muito mais conservadora de ganhar dinheiro. E é isto que queremos de um banco e de um banqueiro: sensatez.

Quando o assunto é investir em instituições financeiras, Buffett sempre se manteve a distância de empresas que contraem mais empréstimos a curto prazo do que a longo prazo. Sua instituição favorita, o Wells Fargo, tem US$ 0,57 em dívidas de curto prazo para cada dólar em dívidas de longo prazo. Mas um banco arrojado, como o Bank of America N.A., tem US$ 2,09 em dívidas de curto prazo para cada dólar em dívidas de longo prazo. A lição é: nunca se enriquece quando se está no lado em desvantagem de um desastre financeiro.

Em períodos financeiramente conturbados, são os bancos estáveis e conservadores como o Wells Fargo que têm a vantagem competitiva em relação às instituições arrojadas e dinâmicas que colocaram a si mesmas em uma posição difícil. A "durabilidade" corresponde à estabilidade resultante do caráter conservador da instituição. O banco tem dinheiro quando os outros têm perdas, o que cria oportunidades. As instituições arrojadas que contraem empréstimos de curto prazo muitas vezes ficam à mercê de mudanças repentinas em seus mercados de crédito, o que põe toda a sua operação em risco e corresponde a uma perda de qualquer tipo de durabilidade em seu modelo de negócios. E, no mundo dos negócios, a durabilidade de uma vantagem competitiva é muito semelhante à virgindade – é mais fácil protegê-la do que recuperá-la.

CAPÍTULO 37

# Dívida de longo prazo a vencer e os problemas que isso pode causar

**Balanço patrimonial/Passivo**
(em milhões de R$)

| | |
|---|---|
| Contas a pagar | 1.380 |
| Despesas provisionadas | 5.535 |
| Dívida de curto prazo | 5.919 |
| → Dívida de longo prazo a vencer | 133 |
| Demais passivos | 258 |
| Passivo circulante total | 13.225 |

Este capítulo diz respeito à dívida de longo prazo a vencer e que tem de ser paga no ano seguinte. Ela não é um passivo circulante anual para a maioria das empresas. No entanto, algumas grandes companhias têm uma parte de sua dívida de longo prazo vencível no prazo de um ano. Isso pode causar problemas quando algumas a agrupam com a dívida de curto prazo no balanço patrimonial, criando a ilusão de que a organização contabiliza mais dívidas de curto prazo do que realmente tem.

Normalmente, empresas com uma vantagem competitiva durável precisam de pouca ou nenhuma dívida de longo prazo para manter suas operações e, portanto, têm pouca ou nenhuma dívida de longo prazo a vencer. Portanto, se estamos lidando com uma companhia que tem muitas dívidas de longo prazo a vencer, esta provavelmente não possui uma vantagem competitiva de longo prazo.

Toda vez que estamos comprando uma participação em uma empresa que tem uma vantagem competitiva durável, mas que está passando por momentos difíceis por causa de um evento único resolvível – como uma subsidiária em um negócio diferente que está perdendo muito dinheiro –, é melhor verificar o horizonte e saber quanto da dívida de longo prazo vai vencer nos anos seguintes. Uma quantidade excessiva de dívidas vencíveis em um único ano pode assustar os investidores, o que nos dará uma cotação mais baixa para comprarmos uma participação.

Em uma companhia medíocre que está passando por problemas sérios, uma quantidade excessiva de dívidas a vencer no próximo ano pode gerar problemas de fluxo de caixa e falência, o que também é uma morte certa para o nosso investimento.

CAPÍTULO 38

# Passivo circulante total e o coeficiente de liquidez

| **Balanço patrimonial/Passivo**<br>(em milhões de R$) | |
|---|---|
| Contas a pagar | 1.380 |
| Despesas provisionadas | 5.535 |
| Dívida de curto prazo | 5.919 |
| Dívida de longo prazo a vencer | 133 |
| Demais passivos | 258 |
| → Passivo circulante total | 13.225 |

Dividindo o Ativo circulante total pelo Passivo circulante total, podemos determinar a liquidez da empresa – quanto maior o coeficiente de liquidez, maior a disponibilidade financeira da companhia e a sua capacidade de pagar os passivos circulantes no momento do vencimento.

Um coeficiente de liquidez acima de 1 é considerado bom e qualquer coisa abaixo de 1, ruim. Neste caso, acredita-se que a companhia poderá ter dificuldade para cumprir as suas obrigações de curto prazo junto aos credores.

Como discutimos no capítulo 27, no entanto, empresas com uma vantagem competitiva durável muitas vezes têm coeficientes de liquidez inferiores a 1. O que causa essa anomalia é o imenso poder de geração de lucro que a vantagem competitiva durável cria.

Em suma, você tem um quadro econômico corrente que não exige o "colchão de liquidez" necessário a uma companhia com condições econômicas menos favoráveis. Embora seja muito importante para determinar a liquidez de uma empresa com uma qualidade entre inferior e média, esse coeficiente é pouco útil para nos informar se uma companhia tem ou não uma vantagem competitiva durável.

CAPÍTULO 39

# Dívida de longo prazo: algo que boas empresas não têm em profusão

| **Balanço patrimonial/Passivo** (em milhões de R$) | |
|---|---|
| Passivo circulante total | 13.225 |
| → Dívida de longo prazo | 3.277 |
| Tributos diferidos | 1.890 |
| Participação minoritária | 0 |
| Demais passivos | 3.133 |
| Passivo não circulante total | 8.300 |
| Passivo total | 21.525 |

Dívida de longo prazo significa obrigações com vencimentos em qualquer momento além do período de um ano. No balanço patrimonial, esse dado é lançado como passivo de longo prazo. Se a dívida tem vencimento no prazo de até um ano, trata-se de uma dívida de curto prazo e é lançada no passivo circulante da empresa. Na busca por uma companhia excelente com uma vantagem competitiva de longo prazo, a quantidade de dívida de longo prazo lançada pela empresa em seus livros informa a Buffett muito acerca da natureza econômica da organização.

O investidor aprendeu que empresas que têm uma vantagem competitiva durável muitas vezes têm pouca ou nenhuma dívida de longo prazo em seu balanço patrimonial. Isso porque elas são tão rentáveis que se autofinanciam quando precisam expandir seus negócios ou realizar aquisições. Portanto, raramente há necessidade de tomar emprestadas grandes quantidades de dinheiro.

Desse modo, uma das maneiras para nos ajudar a identificar uma empresa excepcional é verificar a quantidade de dívida de longo prazo em seu balanço patrimonial. Não estamos interessados apenas na data do último balanço, queremos saber a carga de dívidas de longo prazo que ela andou arrastando nos últimos 10 anos. Se, nesse período, houve pouca ou nenhuma dívida de longo prazo em seu balanço patrimonial, é bastante provável que aquela companhia tenha alguma forte vantagem competitiva a seu favor.

As aquisições históricas de Buffett indicam que, em qualquer ano, a empresa deve ter um lucro líquido anual suficiente para quitar todas as dívidas com o lucro obtido num período de três ou quatro anos. A Coca-Cola e a Moody's, que têm uma vantagem competitiva de longo prazo, poderiam quitar todas as dívidas de longo prazo em um único ano; e a Wrigley e a The Washington Post Company podem fazer isso no período de dois anos.

Mas companhias como a GM ou a Ford, ambas no altamente competitivo setor automotivo, poderiam gastar cada tostão do lucro líquido obtido nos últimos 10 anos e mesmo assim não conseguiriam saldar a quantidade maciça de dívidas de longo prazo lançada em seus balanços patrimoniais.

A conclusão é que as empresas que têm um poder de geração de lucro suficiente para quitar sua dívida de longo prazo em menos de três ou quatro anos são boas candidatas em nossa busca por uma companhia excelente com uma vantagem competitiva de longo prazo.

Mas preste atenção: graças à alta rentabilidade e ao fato de terem pouca ou nenhuma dívida, essas organizações muitas vezes são alvos de aquisições alavancadas. Isso acontece quando o comprador toma emprestadas enormes quantidades de dinheiro e apresenta como garantia o fluxo de caixa da empresa para financiar a aquisição. Após a aquisição alavancada, a companhia fica sujeita a uma enorme dívida. Foi isso que aconteceu com a aquisição da RJR/Nabisco no fim da década de 1980.

Se tudo o mais indicar que a empresa em questão tem uma vantagem competitiva durável, mas ela tiver uma tonelada de dívida em seu balanço patrimonial, talvez esta tenha sido causada por uma aquisição alavancada. Em casos desse tipo, os títulos da companhia muitas vezes são a melhor aposta, pois o poder de geração de lucro estará concentrado na quitação da dívida, não no crescimento da empresa.

A regra aqui é simples: pouca ou nenhuma dívida de longo prazo significa uma boa aposta no longo prazo.

CAPÍTULO 40

# Imposto de renda diferido, participação minoritária e demais passivos

| **Balanço patrimonial/Passivo** (em milhões de R$) | |
|---|---|
| Passivo circulante total | 13.225 |
| Dívida de longo prazo | 3.277 |
| → Imposto de renda diferido | 1.890 |
| → Participação minoritária | 0 |
| → Demais passivos | 3.133 |
| Passivo não circulante total | 8.300 |
| Passivo total | 21.525 |

O item Imposto de renda diferido representa os impostos devidos, mas que não foram pagos, sendo postergados para exercícios futuros. Esse número nos informa pouco sobre uma eventual vantagem competitiva durável de uma empresa.

Já o item Participação minoritária no balanço patrimonial é bem mais interessante. Quando uma companhia adquire ações de outra com a intenção de mantê-las, o preço pago pelas ações é lançado nos livros como um ativo sob a denominação "Investimentos (participações permanentes em outras empresas)". Mas, ao adquirir mais de 80% das ações de outra companhia, é possível transportar todo o balanço patrimonial dela para o seu. O mesmo pode ser feito com a demonstração do resultado do exercício.

Um exemplo: a aquisição de 90% da Nebraska Furniture Mart por parte da Berkshire. Como havia adquirido mais de 80% da

NFM, a Berkshire pôde lançar 100% do rendimento da NFM em sua demonstração do resultado do exercício e adicionar 100% do ativo e do passivo da NFM ao seu balanço patrimonial. O que a Participação minoritária representa é o valor dos 10% da NFM que a Berkshire não possui. Isso é registrado como um passivo para balancear a equação, uma vez que ela lançou em seus livros 100% do ativo e do passivo da NFM, apesar de ser dona de 90% da empresa.

E o que isso tem a ver com a identificação de uma empresa que possui uma vantagem competitiva durável? Não muito, mas é interessante saber o que é e o que não é importante em nossa busca pela companhia com uma vantagem competitiva durável.

Demais passivos é uma categoria genérica na qual as empresas lançam vários tipos de dívida. Nela estão incluídos passivos como valores exigidos em processos (trabalhistas, cíveis, etc.) contra a empresa, benefícios não correntes, juros sobre passivos tributários, multas não quitadas e instrumentos derivativos. Nada disso nos ajuda em nossa busca por uma companhia com uma vantagem competitiva durável.

CAPÍTULO 41

# Passivo total e coeficiente de endividamento em relação ao patrimônio líquido

| **Balanço patrimonial/Passivo**<br>(em milhões de R$) | |
|---|---|
| Passivo circulante total | 13.225 |
| Dívida de longo prazo | 3.277 |
| Imposto de renda diferido | 1.890 |
| Participação minoritária | 0 |
| Demais passivos | 3.133 |
| Passivo não circulante total | 8.300 |
| → Passivo total | 21.525 |

O Passivo total é a soma de todo o passivo da empresa. Trata-se de um número importante que pode ser usado para nos informar o coeficiente de endividamento em relação ao patrimônio líquido, que, com uma pequena modificação, pode ser usado para nos ajudar a identificar se uma companhia tem ou não uma vantagem competitiva durável.

O coeficiente de endividamento em relação ao patrimônio líquido tem sido historicamente utilizado para nos ajudar a identificar se uma empresa tem ou não usado dívidas para financiar as suas operações ou a sua participação patrimonial (que inclui o lucro acumulado). A companhia com uma vantagem competitiva durável usa o seu poder de geração de lucro para financiar as próprias operações e, portanto, deveria teoricamente mostrar um nível mais elevado de patrimônio líquido e um nível mais baixo de passivo total. A que não possui uma vantagem competitiva usa dívidas para financiar as próprias operações e, portanto, deverá mostrar uma situação oposta, um nível de patrimônio líquido mais baixo e um nível mais elevado de passivo total.

A equação é: Coeficiente de endividamento em relação ao Patrimônio líquido = Passivo total ÷ Patrimônio líquido.

O problema em usar o coeficiente de endividamento em relação ao patrimônio líquido como indicador é que as condições econômicas das empresas que possuem vantagens competitivas duráveis são tão boas que elas não precisam de uma grande quantidade de capital próprio/lucro acumulado em seu balanço patrimonial para fazer o seu trabalho; em alguns casos, não precisam de quantidade alguma. Por causa do seu grande poder de geração de lucros, elas muitas vezes gastam o capital próprio/lucro acumulado para recomprar suas ações, o que reduz a sua base de capital próprio/lucro acumulado. Isso, por sua vez, aumenta seu coeficiente de endividamento em relação ao patrimônio líquido, muitas vezes fazendo com que o coeficiente se pareça com o de uma companhia medíocre – sem uma vantagem competitiva durável.

A Moody's, uma das favoritas de Buffett, é um excelente exemplo desse fenômeno. As condições econômicas favoráveis são tão fortes que a empresa não precisa manter nenhum patrimônio líquido. Na verdade, ela gastou todo o seu recomprando as próprias ações. O seu patrimônio líquido é negativo. Isso significa que o seu coeficiente de endividamento em relação ao patrimônio líquido se parece mais com o da GM – uma companhia sem uma vantagem competitiva durável e com um patrimônio líquido negativo – do que com o da Coca-Cola, que possui uma vantagem competitiva durável.

No entanto, se voltarmos a adicionar ao patrimônio líquido da Moody's o valor de todas as ações em tesouraria que ela adquiriu em recompras, o seu coeficiente de endividamento em relação ao patrimônio líquido cai para 0,63, alinhado com o da

Coca-Cola corrigido pelas ações em tesouraria, que é de 0,51. A GM continua com um patrimônio líquido negativo mesmo com a adição do valor de suas ações em tesouraria, que são inexistentes, pois a companhia não tem dinheiro para recomprar as próprias ações.

É fácil ver o contraste entre as empresas que têm e as que não têm uma vantagem competitiva durável quando analisamos o coeficiente de endividamento em relação ao patrimônio líquido corrigido pelas ações em tesouraria. A Procter & Gamble, que tem uma vantagem competitiva durável, tem um coeficiente corrigido de 0,71; a Wrigley, por sua vez, 0,68 – o que significa que, para cada dólar de patrimônio líquido, ela tem US$ 0,68 em dívidas. Compare a P&G e a Wrigley com a Goodyear Tire, que tem um coeficiente corrigido de 4,35; ou com a Ford, 38,0. Isso significa que, para cada dólar de patrimônio líquido, a Ford tem US$ 38 em dívidas – correspondendo a US$ 7,2 bilhões em patrimônio líquido e US$ 275 bilhões em dívidas.

No caso de instituições financeiras como bancos, os coeficientes tendem a ser, em média, muito mais altos do que os das empresas fabris. Os bancos tomam emprestadas quantidades enormes de dinheiro e, depois, as usam para conceder empréstimos, lucrando com a diferença entre o que pagaram pelo dinheiro e o que cobram pelos empréstimos concedidos. Isso gera um passivo enorme, que é compensado por um ativo gigantesco.

Em média, os grandes bancos americanos têm US$ 10 de passivo para cada dólar de patrimônio líquido lançado em seus livros. É isso que Buffett quer dizer quando afirma que os bancos são operações altamente alavancadas. Contudo, há exceções, e uma delas é o M&T Bank, um dos favoritos de Buffett há muito tempo. O M&T tem um coeficiente de 7,7, que reflete as práticas mais conservadoras de concessão de empréstimos adotadas pela equipe de gestão.

A regra é simples: a menos que estejamos analisando uma instituição financeira, toda vez que vemos um coeficiente corrigido de endividamento em relação ao patrimônio líquido abaixo de 0,80 (quanto mais baixo melhor), há uma boa chance de a empresa em questão ter a cobiçada vantagem competitiva durável que estamos procurando.

E encontrar o que estamos procurando é sempre bom, especialmente se nosso objetivo é enriquecer.

CAPÍTULO 42

# Patrimônio líquido/Valor contábil

| **Balanço patrimonial/Patrimônio líquido** (em milhões de R$) | |
|---|---|
| Passivo total | 21.525 |
| Ações preferenciais | 0 |
| Ações ordinárias | 1.296 |
| Reserva de capital (emissão de ações) | 7.378 |
| Lucro acumulado | 36.235 |
| Ações em tesouraria – ordinárias | -23.375 |
| → Patrimônio líquido total | 21.534 |
| Passivo total e patrimônio líquido | 43.059 |

Ao subtrair o passivo total do ativo total, obtém-se o patrimônio líquido de uma empresa, também conhecido como valor contábil. Trata-se de todo o dinheiro que os proprietários/acionistas investiram inicialmente acrescido do que ganharam depois e deixaram na companhia para que ela continuasse funcionando. O Patrimônio líquido é lançado como Capital social realizado, que inclui ações preferenciais e ordinárias, Reservas de capital e Lucro acumulado.

CAPÍTULO 43

# Ações preferenciais e ordinárias: reserva de capital (emissão de ações)

| **Patrimônio líquido**<br>(em milhões de R$) | |
|---|---|
| → Ações preferenciais | 0 |
| → Ações ordinárias | 1.296 |
| → Reserva de capital (emissão de ações) | 7.378 |
| Lucro acumulado | 36.235 |
| Ações em tesouraria – ordinárias | -23.375 |
| Patrimônio líquido total | 21.534 |

Uma empresa pode levantar capital novo vendendo títulos ou ações (participação patrimonial) ao público. O dinheiro levantado com a venda de títulos como debêntures tem de ser restituído em algum momento no futuro. É dinheiro emprestado. Mas, ao levantar dinheiro vendendo ações preferenciais ou ordinárias (chamadas de "participação patrimonial") ao público, a companhia nunca tem de restituir aquele dinheiro, porque ele é seu para sempre, para que ela faça o que bem entender.

As ações ordinárias representam os controladores da empresa. Os donos de ações ordinárias são proprietários da companhia e têm o direito de eleger um conselho diretor, que, por sua vez, contratará um executivo-chefe para dirigir a organização. Os acionistas ordinários recebem dividendos se o conselho diretor aprovar o seu pagamento. E, se toda a empresa for vendida, são os acionistas ordinários que ficam com todo o valor da venda.

Existe um segundo tipo de participação patrimonial chamado ação preferencial. Os acionistas preferenciais não têm direito a voto, mas têm direito a um dividendo fixo ou ajustável que deve ser pago antes que os acionistas ordinários recebam os seus. Os acionistas preferenciais também têm prioridade em relação aos ordinários caso a empresa declare falência.

No que diz respeito ao balanço patrimonial, as ações preferenciais e as ordinárias são lançadas nos livros com seu valor nominal, e todo o dinheiro que excede o valor nominal e que foi pago quando a companhia vendeu a ação deve ser lançado nos livros como "Reserva de capital (emissão de ações)". Portanto, se a ação preferencial da empresa tem um valor nominal de US$ 100/ação e foi vendida ao público por US$ 120/ação, o valor de US$ 100 por ação será lançado nos livros sob o item capital realizado – ações preferenciais e US$ 20 por ação serão lançados sob o item reserva de capital.

O mesmo se aplica às ações ordinárias, que podem ter um valor, por exemplo, de US$ 1/ação. Se a ação foi vendida ao público por US$ 10/ação, ela será lançada no balanço patrimonial como US$ 1 por ação sob o item ações ordinárias e US$ 9 por ação no item reserva de capital (emissão de ações).

O que é curioso é que as empresas que têm uma vantagem competitiva durável tendem a não possuir ações preferenciais. Isso se deve, em parte, à sua tendência a não ter dívida alguma. E, embora do ponto de vista técnico sejam uma participação patrimonial, pois o dinheiro originalmente recebido nunca precisa ser restituído, as ações preferenciais funcionam como uma dívida, pois os dividendos precisam ser pagos.

Mas, ao contrário dos juros pagos por uma dívida, que são dedutíveis do lucro antes dos impostos, os dividendos pagos às ações preferenciais não o são, o que tende a encarecer muito o dinheiro obtido com a emissão de ações preferenciais. Por se tratar de um dinheiro caro, as empresas gostam de se manter distantes dele, se possível. Portanto, um dos indicadores que procuramos em nossa busca por uma companhia com uma vantagem competitiva durável é a ausência de ações preferenciais na estrutura do seu capital.

CAPÍTULO 44

# Lucro acumulado: o segredo de Buffett para se tornar riquíssimo

| **Patrimônio líquido** (em milhões de R$) | |
|---|---|
| Ações preferenciais | 0 |
| Ações ordinárias | 1.296 |
| Reserva de capital (emissão de ações) | 7.378 |
| → Lucro acumulado | 36.235 |
| Ações em tesouraria – ordinárias | -23.375 |
| Patrimônio líquido total | 21.534 |

No fim das contas, o lucro líquido de uma empresa pode ser pago como dividendo, usado para recomprar as próprias ações, ou pode ser retido para manter o crescimento do negócio. Quando isso acontece, é lançado no balanço patrimonial sob o cabeçalho de patrimônio líquido como lucro acumulado.

Se o lucro é acumulado e a rentabilidade é utilizada, o quadro econômico de longo prazo da empresa pode melhorar muito. Foi a política de Warren de reter 100% do lucro líquido da Berkshire que ajudou a fazer com que as ações da companhia subissem de US$ 19 cada uma em 1965 para US$ 78 mil cada uma em 2007.

Para descobrir o lucro líquido anual que será adicionado ao lucro acumulado da empresa, pegamos o lucro líquido após impostos e deduzimos o valor que ela pagou em dividendos e os dispêndios com a recompra de ações durante aquele ano.

Em 2007, a Coca-Cola teve um lucro líquido após impostos de US$ 5,9 bilhões e gastou US$ 3,1 bilhões em dividendos e recompra de ações. Isso deu a ela um rendimento de aproximadamente US$ 2,8 bilhões, que foram adicionados ao lucro acumulado.

Este é um número que vai sendo agregado, o que significa que o novo lucro acumulado de cada ano é adicionado ao lucro acumulado total dos anos anteriores. Da mesma maneira, se a empresa perde dinheiro, o prejuízo é subtraído do que ela acumulou no passado. Se perde mais dinheiro do que acumulou, o lucro acumulado será um número negativo.

De todos os números em um balanço patrimonial que podem nos ajudar a determinar se uma companhia tem ou não uma vantagem competitiva durável, este é o mais importante. É importante porque, se uma empresa não está fazendo adições ao seu lucro acumulado, o seu patrimônio líquido não está crescendo. Se este não está crescendo, é pouco provável que nos tornemos riquíssimos no longo prazo.

Simplificando: a taxa de crescimento do lucro acumulado de uma empresa é um bom indicador para sabermos se ela está se beneficiando ou não de uma vantagem competitiva durável. Vejamos algumas das companhias favoritas de Buffett que possuem uma vantagem competitiva durável: a Coca-Cola vem aumentando seus lucros acumulados há cinco anos a uma taxa anual de 7,9%; a Wrigley, a saborosos 10,9%; a Burlington Northern Santa Fe Railway, a velozes 15,6%; a Anheuser-Busch, a inebriantes 6,4%; o Wells Fargo, a sólidos 14,2%; e a Berkshire Hathaway, do próprio Buffett, a incomparáveis 23%.

Nem todo o crescimento do lucro acumulado se deve a um aumento adicional nas vendas de produtos existentes; uma parte se deve a aquisições de outras empresas. Quando duas companhias se fundem, os seus lucros acumulados são combinados, o que gera um valor ainda maior. Por exemplo, em 2005, a Procter & Gamble viu seu lucro acumulado pular de US$ 13 bilhões para US$ 31 bilhões quando se fundiu com a The Gillette Co.

Um dos grandes segredos do sucesso de Buffett com a Berkshire Hathaway é que ele interrompeu os pagamentos de dividendos no dia em que assumiu o controle da empresa. Isso permitiu que 100% do lucro líquido anual fosse adicionado ao lucro acumulado. À medida que oportunidades iam aparecendo, ele investia o lucro acumulado em companhias que ganhavam ainda mais. Então aquele dinheiro era adicionado ao lucro acumulado e, depois, investido em operações ainda mais lucrativas. Com o passar do tempo, o crescente lucro acumulado da Berkshire aumentou a sua capacidade de ganhar cada vez mais dinheiro. Entre 1965 e 2007, a expansão de seu lucro acumulado ajudou a aumentar o seu rendimento antes dos impostos de US$ 4 por ação em 1965 para US$ 13.023 por ação em 2007, o que corresponde a uma taxa média de crescimento anual de aproximadamente 21%.

A teoria é simples: quanto mais lucro a empresa retiver, mais rápido o seu lucro acumulado crescerá, o que, por sua vez, aumentará a taxa de crescimento do lucro futuro. O macete, é claro, é que ela precisa continuar a comprar companhias que possuem vantagens competitivas duráveis. E foi exatamente isso que Buffett fez com a Berkshire Hathaway. Ela é como uma galinha que não apenas continua a pôr ovos de ouro, mas de cada um desses nasce uma nova galinha que põe mais ovos de ouro.

Buffett descobriu que, se você mantiver esse processo funcionando por tempo suficiente, vai acabar contabilizando o seu patrimônio líquido em bilhões, não apenas em milhões.

CAPÍTULO 45

# Ações em tesouraria: Buffett gosta de vê-las no balanço patrimonial

| **Balanço patrimonial/Patrimônio líquido** (em milhões de R$) | |
|---|---|
| Ações preferenciais | 0 |
| Ações ordinárias | 1.296 |
| Reserva de capital (emissão de ações) | 7.378 |
| Lucro acumulado | 36.235 |
| → Ações em tesouraria – ordinárias | -23.375 |
| Patrimônio líquido total | 21.534 |

Quando uma empresa recompra suas próprias ações, duas coisas podem ser feitas: ela pode cancelá-las ou retê-las com a possibilidade de revendê-las mais tarde. Se forem canceladas, elas deixam de existir. Mas, se a companhia as retém com a possibilidade de revendê-las mais tarde, elas são lançadas no balanço patrimonial, no grupo de contas do patrimônio líquido, como ações em tesouraria.

As ações em tesouraria não têm direito a voto, assim como não recebem dividendos, e, embora sejam indiscutivelmente um ativo, são lançadas no balanço patrimonial como um valor negativo porque representam uma redução do patrimônio líquido.

As empresas com uma vantagem competitiva durável, graças a suas ótimas condições econômicas, tendem a ter muito dinheiro livre que pode ser gasto com a recompra das próprias ações.

Devemos atentar para muitas outras dinâmicas financeiras no que diz respeito às ações em tesouraria. Uma delas é a seguinte:

quando compra suas próprias ações e as mantém como ações em tesouraria, a empresa está reduzindo o seu capital próprio, o que aumenta o retorno sobre o patrimônio líquido. Como um retorno alto sobre o patrimônio líquido é um sinal de vantagem competitiva durável, é bom saber se o alto retorno está sendo gerado por engenharia financeira, condições econômicas excepcionais ou por uma combinação das duas coisas. Para saber o que está acontecendo, converta o valor negativo das ações em tesouraria em um número positivo e adicione-o ao patrimônio líquido, em vez de subtraí-lo. Depois, divida o lucro líquido da companhia pelo novo patrimônio líquido total. O resultado dessa operação é o retorno sobre o patrimônio sem os efeitos da engenharia financeira.

Vamos terminar este capítulo com uma regra simples: a presença de ações em tesouraria no balanço patrimonial e um histórico de recompra de ações são bons indicadores de que a empresa em questão tem uma vantagem competitiva durável a seu favor.

CAPÍTULO 46

# Retorno sobre o patrimônio líquido

| **Balanço patrimonial/Patrimônio líquido**<br>(em milhões de R$) | |
|---|---|
| Ações preferenciais | 0 |
| Ações ordinárias | 1.296 |
| Reserva de capital (emissão de ações) | 7.378 |
| Lucro acumulado | 36.235 |
| Ações em tesouraria – ordinárias | -23.375 |
| Patrimônio líquido total | 21.534 |

Se formos acionistas de uma empresa, estaremos muito interessados na capacidade da equipe de gestão de alocar o nosso dinheiro para que consigamos ganhar ainda mais. Se a equipe faz um trabalho ruim, não ficamos satisfeitos e podemos até vender as nossas ações e investir em outro negócio. Mas, se estiver realmente fazendo um ótimo trabalho, podemos até comprar uma participação maior na empresa, junto com todas as outras pessoas que estão impressionadas com a capacidade da equipe de gestão em utilizar de forma rentável o patrimônio dos acionistas.

Com esse propósito, os analistas financeiros desenvolveram o índice de retorno sobre o patrimônio líquido, a fim de testar a eficiência da equipe de gestão em alocar o dinheiro dos acionistas. Trata-se de um índice muito importante para Buffett em sua busca pela empresa com uma vantagem competitiva durável.

Retorno sobre o patrimônio líquido = Lucro líquido ÷ Patrimônio líquido

Buffett descobriu que as empresas que se beneficiam de uma vantagem competitiva durável ou de longo prazo apresentam um retorno sobre o patrimônio líquido acima da média. A companhia favorita de Buffett, a Coca-Cola, apresenta um retorno de 30% sobre o patrimônio líquido; a Wrigley, de 24%; a Hershey's apresenta ótimos 33%; e a Pepsi atinge 34%.

Passe para um setor altamente competitivo como o da aviação, no qual nenhuma empresa tem uma vantagem competitiva sustentável, e o retorno sobre o patrimônio cai dramaticamente. A United Airlines, em um ano em que ganha dinheiro, atinge 15%; e a American Airlines ganha 4%. A Delta Air Lines e a Northwest não ganham nada porque não obtêm lucro.

Um retorno alto sobre o patrimônio significa que a companhia está usando bem o lucro que está sendo retido. Com o passar do tempo, esses retornos altos sobre o patrimônio se acumulam e aumentam o valor subjacente da empresa, que, ao longo do tempo, acabará sendo reconhecido pelo mercado acionário por meio de um aumento da cotação das ações daquela companhia.

Portanto, a regra é: um retorno alto sobre o patrimônio líquido significa "pode vir". Um retorno baixo significa "fique longe".

CAPÍTULO 47

# O problema da alavancagem e as surpresas que ela pode causar

Alavancagem é o uso de dívidas para aumentar o lucro da empresa. Esta toma emprestados US$ 100 milhões a 7% e utiliza esse dinheiro, ganhando 12%. Isso significa que está lucrando 5% além do custo do capital. Consequentemente US$ 5 milhões são lançados no resultado financeiro, aumentando o lucro e o retorno sobre o patrimônio.

O problema é que a alavancagem pode fazer com que a companhia pareça ter algum tipo de vantagem competitiva, quando, na verdade, está apenas usando um grande volume de dívidas.

Os bancos de investimentos de Wall Street são famosos pelo uso de uma grande quantidade de alavancagem para gerar lucro. Nesse caso, eles contraem um empréstimo de US$ 100 bilhões a, por exemplo, 6%, depois emprestam esse dinheiro a 7%, o que significa que estão lucrando 1% sobre os US$ 100 bilhões, o que corresponde a US$ 1 bilhão. Se este valor aparecer ano após ano, criará a aparência de alguma vantagem competitiva durável, embora não seja o caso.

O problema é que, embora o banco de investimentos pareça ter consistência em seu fluxo de lucro, a fonte que está pagando os juros talvez não consiga manter os pagamentos.

Isso aconteceu na recente crise do crédito *subprime*, que custou aos bancos centenas de bilhões de dólares. Eles tomaram emprestados bilhões de dólares a, por exemplo, 6% e concederam empréstimos a 8% para compradores de imóveis com poucas garantias, o que gerou muito lucro para os bancos. Mas, quando a economia começou a derrapar, os compradores de imóveis com poucas garantias deixaram de pagar suas hipotecas, ou seja, pararam de pagar os juros. Esses mutuários não tinham uma fonte durável de renda, o que significava, em última instância, que os bancos de investimentos também não tinham.

Ao avaliar a qualidade e a durabilidade da vantagem competitiva de uma empresa, Buffett aprendeu a evitar companhias que usam muita alavancagem para gerar lucro. No curto prazo, elas parecem ser a galinha que põe ovos de ouro, mas, no fim das contas, não são.

# A DEMONSTRAÇÃO DE FLUXO DE CAIXA

*"Há uma grande diferença entre a empresa que cresce e requer muito capital para crescer e a empresa que cresce e não requer capital."*

WARREN BUFFETT

CAPÍTULO 48

# A demonstração de fluxo de caixa: aonde Buffett vai para achar o dinheiro

A maioria das empresas usa o que é chamado de Regime de Competência Contábil, ao contrário do Regime de Caixa. Com a primeira modalidade, as receitas são lançadas quando os bens saem porta afora, mesmo que o comprador leve anos para pagá-los. Na segunda, as vendas só são registradas quando há entrada de dinheiro. Como quase todas as companhias oferecem algum tipo de crédito para seus compradores, a utilização do Regime de Competência é considerada mais vantajosa, pois permite que elas lancem as vendas a crédito como receita na demonstração do resultado do exercício.

Visto que o Regime de Competência Contábil permite que vendas a crédito sejam lançadas como receita, tornou-se necessário para as empresas monitorar separadamente o dinheiro que realmente entra e sai do seu caixa. Com esse propósito, os contadores criaram a demonstração de fluxo de caixa.

Uma companhia pode ter muito dinheiro entrando com a venda de ações ou títulos e ainda assim não ser rentável. (Da mesma maneira, uma empresa pode ser rentável com muitas vendas a crédito e não muito dinheiro entrando.) A demonstração de fluxo de caixa irá nos informar apenas se a organização está recebendo mais dinheiro do que está gastando ("fluxo de caixa positivo") ou se está gastando mais do que está recebendo ("fluxo de caixa negativo").

As demonstrações de fluxo de caixa são como as demonstrações do resultado do exercício, pois sempre se referem a um período específico. Os contadores da empresa geram uma demonstração desse tipo a cada três meses e mais uma outra no fim do ano fiscal.

A demonstração de fluxo de caixa é dividida em três seções.

Primeiro, temos o fluxo de caixa de atividades operacionais. Essa área começa com o lucro líquido e soma o valor da depreciação e da amortização. Embora de um ponto de vista contábil sejam despesas reais, a depreciação e a amortização não consomem dinheiro algum, pois representam o que já foi gasto anos antes. O resultado é o Caixa total das atividades operacionais.

| (em milhões de R$) | |
|---|---|
| Lucro líquido | 5.981 |
| Depreciação | 1.163 |
| Amortização | 125 |
| Caixa total das atividades operacionais | 7.269 |

Depois, vem o fluxo de caixa de operações de investimento. Essa área inclui um lançamento para todas as despesas com ativos fixos feitas durante tal período contábil. As despesas com ativos fixos são sempre um número negativo porque representam gastos, o que acarreta um esvaziamento do caixa.

Também estão incluídos nessa categoria os Demais itens de fluxo de caixa de investimento, que é a soma de todo o dinheiro gasto e recebido pela compra e venda de ativos que geram receita. Se há mais saída do que entrada, o número é negativo. Se há mais entrada do que saída, o número é positivo.

Esses dois lançamentos são somados e resultam no Caixa total das atividades de investimento.

| (em milhões de R$) | |
|---|---|
| Despesas com ativos fixos | (1.648) |
| Demais itens de fluxo de caixa de investimento | (5.071) |
| Caixa total das atividades de investimento | (6.719) |

Por fim, há a seção do fluxo de caixa de atividades de financiamento, que mede o fluxo de entrada e saída de dinheiro de uma empresa gerado por operações financeiras. Nele estão incluídas todas as saídas de dinheiro para o pagamento de dividendos. Também estão incluídas a venda e a compra de ações da companhia. Quando esta vende ações para financiar uma nova fábrica, há entrada de dinheiro. Quando recompra as próprias ações, há saída de dinheiro. O mesmo acontece com os títulos: quando são vendidos, há entrada de dinheiro; na recompra, há saída de dinheiro. Esses três lançamentos são somados para gerar o Caixa total das atividades de financiamento.

| (em milhões de R$) | |
|---|---|
| Dividendos pagos | (3.149) |
| Emissão (resgate) de ações, líquido | (219) |
| Emissão (resgate) de dívidas, líquido | 4.341 |
| Caixa total de atividades de financiamento | 973 |

Se adicionarmos o Caixa total das atividades operacionais, o Caixa total das atividades de investimento e o Caixa total das atividades de financiamento, obteremos o Resultado final de caixa.

| (em milhões de R$) | |
|---|---|
| Caixa total das atividades operacionais | 7.269 |
| Caixa total das atividades de investimento | (6.719) |
| Caixa total das atividades de financiamento | 973 |
| Resultado final de caixa | 1.523 |

O que Buffett descobriu é que algumas das informações encontradas na demonstração de fluxo de caixa de uma empresa podem ser muito úteis para nos ajudar a determinar se ela está ou não se beneficiando de uma vantagem competitiva durável. Então, vamos arregaçar as mangas e mergulhar na demonstração de fluxo de caixa para verificar o que ele analisa quando procura a companhia que vai gerar seu próximo bilhão.

CAPÍTULO 49

# Despesas com ativos fixos: não tê-las é um dos segredos para enriquecer

| **Demonstração de fluxo de caixa** (em milhões de R$) | |
|---|---|
| → Despesas com ativos fixos | (1.648) |
| Demais itens de fluxo de caixa de investimento | (5.071) |
| Caixa total das atividades de investimento | (6.719) |

As despesas com ativos fixos são valores pagos por ativos imobilizados, tais como máquinas ou imóveis. Também incluem despesas com ativos intangíveis, como patentes. São basicamente ativos gastos ao longo de um período superior a um ano por meio de depreciação ou amortização. As despesas com ativos fixos são registradas na demonstração de fluxo de caixa nas operações de investimento.

A compra de um novo caminhão para a sua empresa é uma despesa com ativo fixo; o valor do caminhão será lançado como depreciação ao longo de sua vida útil – por exemplo, seis anos. Mas a gasolina usada no caminhão é uma despesa corrente, com o seu preço integral deduzido do lucro durante o ano em curso.

Quando o assunto é fazer despesas com ativos fixos, nem todas as companhias são iguais. Algumas precisam fazer enormes despesas com ativos fixos simplesmente para continuar operando. Se permanecerem altas durante alguns anos, elas poderão começar a ter um impacto profundo no lucro.

Buffett disse que é por isso que nunca investiu em companhias telefônicas – os tremendos gastos com ativos fixos para a construção de redes de comunicação atrapalham muito suas condições econômicas de longo prazo.

Em geral, para dar continuidade às suas operações, uma empresa que possui uma vantagem competitiva durável gasta uma fatia menor de seu lucro com despesas com ativos fixos do que uma que não possui vantagem competitiva durável. Vejamos alguns exemplos.

A Coca-Cola, uma das companhias favoritas de Buffett há muito tempo, lucrou nos últimos 10 anos um total de US$ 20,21 por ação e gastou apenas US$ 4,01 por ação, ou 20% do seu lucro total, em despesas com ativos fixos no mesmo período. A Moody's lucrou US$ 14,24 por ação nos últimos 10 anos e gastou irrisórios US$ 0,84 por ação, ou 6% do seu lucro total, em despesas com ativos fixos.

Compare a Coca-Cola e a Moody's com a GM, que, nos últimos 10 anos, teve um lucro total de US$ 31,64 por ação após subtrair as perdas, mas queimou astronômicos US$ 140,42 por ação em despesas com ativos fixos. Ou com a fabricante de pneus Goodyear, que, no mesmo período, teve um lucro total de US$ 3,67 por ação após subtrair as perdas, e despesas totais com ativos fixos de US$ 34,88 por ação.

Se a GM usou 444% do que ganhou para cobrir despesas com ativos fixos e a Goodyear, 950%, de onde saiu todo esse dinheiro extra? De empréstimos bancários e da venda de toneladas de novas dívidas (títulos) ao público. Essas iniciativas acrescentam mais dívidas ao balanço patrimonial dessas empresas, o que, por sua vez, aumenta a quantidade de dinheiro gasto com o pagamento de juros, o que nunca é bom.

Mas tanto a Coca-Cola quanto a Moody's têm lucro excedente suficiente para realizar programas de recompra de ações que reduzem o número de ações em circulação e, ao mesmo tempo, diminuem as dívidas de longo prazo ou as mantêm em um patamar baixo. Ambas as iniciativas são grandes pontos positivos para Buffett e o ajudam a identificar a Coca-Cola e a Moody's como companhias que têm uma vantagem competitiva durável a seu favor.

Quando analisamos a despesa com ativos fixos em relação ao lucro líquido, simplesmente somamos o total de despesas com ativos fixos de uma empresa ao longo de 10 anos e comparamos esse número com o lucro líquido total da organização naquele mesmo período. Analisamos um período de 10 anos porque assim temos uma perspectiva de longo prazo realmente boa acerca do que está acontecendo naquela empresa.

Historicamente, as companhias com uma vantagem competitiva durável têm gastado uma porcentagem bastante pequena de seu lucro líquido em despesas com ativos fixos. A Wrigley, por exemplo, gasta anualmente cerca de 49%; a Altria, aproximadamente 20%; a Procter & Gamble, 28%; a Pepsico, 36%; a American Express, 23%; a Coca-Cola, 20%; e a Moody's, 6%.

Buffett descobriu que, se uma companhia está historicamente gastando 50% ou menos do seu lucro líquido anual em despesas com ativos fixos, aquele é um bom lugar para procurarmos uma vantagem competitiva durável. Se ela está constantemente gastando menos de 25%, é muito provável que isso aconteça por causa da existência de uma vantagem competitiva durável a seu favor.

CAPÍTULO 50

# Recompra de ações: o método isento de impostos de Buffett para aumentar o patrimônio dos acionistas

| **Demonstração de fluxo de caixa** | |
|---|---|
| Fluxo de caixa de atividades de financiamento (em milhões de R$) | |
| Dividendos pagos | (3.149) |
| → Emissão (resgate) de ações, líquido | (219) |
| Emissão (resgate) de dívidas, líquido | 4.341 |
| Caixa total de atividades de financiamento | 973 |

Na demonstração de fluxo de caixa acima, a empresa examinada pagou R$ 3.149 milhões em dividendos, recomprou algumas ações próprias por R$ 219 milhões e vendeu R$ 4.341 milhões em novas dívidas. Tudo isso gerou para a companhia uma soma líquida de R$ 973 milhões em caixa provenientes de atividades de financiamento.

As empresas que têm uma vantagem competitiva durável a seu favor ganham muito dinheiro, o que gera o adorável problema da necessidade de fazer alguma coisa com esse capital. Se não quiserem ficar com o dinheiro parado, não puderem reinvestir no negócio existente ou não conseguirem encontrar um novo negócio no qual investir, elas poderão pagar dividendos aos seus acionistas ou usar o dinheiro para recomprar suas ações.

Um truque que Buffett adora é usar parte do dinheiro excedente da companhia para recomprar suas próprias ações. Isso reduz o número de ações em circulação – o que aumenta a participação dos acionistas restantes na empresa – e aumenta o lucro por ação da companhia, o que acaba acarretando uma alta na cotação da ação.

Vejamos um exemplo: se a organização lucrou R$ 10 milhões e tem um milhão de ações em circulação, o lucro por ação seria de R$ 10. Se aumentarmos o número de ações em circulação para dois milhões, o lucro por ação cairá para R$ 5. Da mesma maneira, se reduzirmos o número de ações em circulação para 500 mil, o lucro por ação aumentará para R$ 20. Quanto maior o número de ações em circulação, menor o lucro por ação, e quanto menor o número de ações em circulação, maior o lucro por ação. Então, recomprando as suas próprias ações, a empresa pode aumentar o seu lucro por ação, embora o lucro líquido não tenha sofrido nenhum acréscimo. A melhor parte é que há um aumento do patrimônio dos acionistas que só será tributado quando as ações forem vendidas. É como um presente que gera outros presentes.

Buffett é tão fã desse mecanismo de engenharia financeira que incentiva o conselho diretor de todas as excelentes empresas nas quais investiu a recomprar ações em vez de aumentar os dividendos. Ele usou essa tática na GEICO e ainda a aplica na The Washington Post Company.

Para descobrir se uma companhia está recomprando suas ações, vá até a demonstração de fluxo de caixa e dê uma olhada em Fluxo de caixa de atividades de investimento. Lá, você encontrará um lançamento chamado "Emissão (resgate) de ações, líquido". Esse lançamento indica o total líquido das vendas e recompras das ações da empresa. Se esta recompra as próprias ações ano após ano é porque provavelmente tem uma vantagem competitiva durável que está gerando todo o caixa extra para que isso possa ser feito.

Em outras palavras, um dos indicadores da presença de uma vantagem competitiva durável é um "histórico" de recompra ou cancelamento das próprias ações.

# A AVALIAÇÃO DA EMPRESA COM UMA VANTAGEM COMPETITIVA DURÁVEL

*"Procuro empresas cuja situação dali a 10 ou 15 anos eu acho que posso prever. Veja o caso da goma de mascar fabricada pela Wrigley. Acredito que a internet não vai mudar a maneira como as pessoas mascam chiclete."*

WARREN BUFFETT

CAPÍTULO 51

# A ideia revolucionária de Buffett do *equity bond* e como isso o tornou riquíssimo

No fim da década de 1980, Buffett deu uma palestra na Universidade de Columbia sobre como empresas com uma vantagem competitiva durável mostram tanta força e previsibilidade no crescimento do lucro a ponto desse aumento transformar suas ações em uma espécie de *equity bond* (título com participação patrimonial) com um cupom ou um pagamento de juros cada vez mais alto. O "título" (*bond*) são as ações/participação patrimonial (*equity*) da companhia e o "cupom/pagamento de juros" é o seu lucro antes dos impostos. Não os dividendos que a empresa paga, mas o seu próprio lucro antes dos impostos.

Buffett compra uma companhia inteira da seguinte maneira: ele analisa o lucro antes dos impostos e pergunta se a compra é um bom negócio em relação à força das condições do mercado em que ela atua e ao preço que está sendo pedido. Ele usa o mesmo raciocínio quando está adquirindo uma participação parcial em uma empresa por meio do mercado de ações.

O que atrai Buffett na conversão conceitual das ações de uma empresa em participação patrimonial/títulos é que sua vantagem competitiva durável cria condições econômicas subjacentes que são tão fortes a ponto de causar um aumento contínuo do seu lucro. Esse aumento acarreta uma alta na cotação das ações da companhia quando a Bolsa de Valores reconhece o crescimento no seu valor subjacente.

Portanto, mesmo que isso possa parecer repetitivo, para Buffett as ações de uma empresa que possui uma vantagem competitiva durável são o equivalente à participação patrimonial/títulos, e o lucro antes dos impostos da empresa é o equivalente ao cupom ou ao pagamento de juros de um título normal. Mas, em vez de ser fixo, o cupom ou a taxa de juros do título continua crescendo ano após ano, o que aumenta naturalmente o valor da participação patrimonial/título a cada ano.

É o que acontece quando Buffett compra uma participação em uma companhia com uma vantagem competitiva durável. O lucro por ação continua a aumentar ao longo do tempo – seja por causa do crescimento dos negócios, da expansão das operações, da aquisição de novos negócios ou da recompra de ações com o dinheiro que vai se acumulando nos cofres da empresa. O aumento do lucro gera um respectivo aumento no retorno que Buffett está obtendo sobre o investimento original no *equity bond*.

Vamos analisar um exemplo para ver como a teoria funciona.

No fim da década de 1980, Buffett começou a comprar ações da Coca-Cola por um preço médio de US$ 6,50 por ação diante de um lucro antes dos impostos de US$ 0,70 por ação. Historicamente, o lucro da Coca-Cola estava crescendo a uma taxa anual de aproximadamente 15%. Vendo isso, Buffett pôde argumentar que havia simplesmente comprado um *equity bond* da Coca-Cola que estava pagando uma taxa de juros iniciais antes dos impostos de 10,7% para um investimento de US$ 6,50. Ele também pôde argumentar que essa rentabilidade aumentaria ao longo do tempo a uma taxa anual projetada de 15%.

Entenda que, ao contrário dos investidores em valor que se baseavam na teoria de Graham, Buffett não estava dizendo que a Coca-Cola valia US$ 10 e estava sendo negociada a US$ 6,50 por ação, ou seja, estava "subvalorizada". Ele estava dizendo que, a US$ 6,50 por ação, estava sendo oferecida uma taxa de retorno inicial antes dos impostos de 10,7%, relativamente isenta de risco, que ele esperava que aumentasse ao longo dos 20 anos seguintes a uma taxa anual de aproximadamente 15%. Depois, ele se perguntou se aquele era um investimento atraente em comparação com as taxas de risco e de retorno de outros investimentos.

Para os investidores em valor que se baseiam na teoria de Graham, uma taxa de juros antes de impostos de 10,7% com um crescimento anual de 15% não seria ideal porque eles só estão interessados na cotação de mercado da ação e, a despeito do que acontecer com a empresa, não têm intenção alguma de manter o investimento por um período superior a aproximadamente dois anos. Mas, para Buffett, que planeja manter o *equity bond* por 20 anos ou mais, esse é o investimento dos sonhos.

Por que esse é o investimento dos sonhos dele? Porque, a cada ano que passa, o retorno sobre o seu investimento inicial realmente aumenta e, nos últimos anos, os números começaram a se acumular. Pense no seguinte: o investimento inicial de Buffett na The Washington Post Company custou US$ 6,36 por ação. Trinta e quatro anos depois, em 2007, a empresa de mídia está tendo um lucro antes dos impostos de US$ 54 por ação. Isso dá aos *equity bonds* de Buffett na The Washington Post Company uma rentabilidade atual antes dos impostos de 849%. (E você estava se perguntando como Buffett ficou tão rico!)

Então, como ele se saiu com os *equity bonds* da Coca-Cola?

Em 2007, o lucro antes dos impostos havia crescido a uma taxa anual de aproximadamente 9,35%, atingindo US$ 3,96 por ação. Isso significa que Buffett pode afirmar que os seus *equity bonds* da Coca-Cola estão gerando um retorno antes dos impostos de US$ 3,96 por ação sobre um investimento original de US$ 6,50 por ação, o que corresponde a uma rentabilidade efetiva antes dos impostos de 60% e uma rentabilidade efetiva após impostos de 40%.

O mercado acionário, ao ver o seu retorno, acabará valorizando ao longo do tempo os *equity bonds* de Buffett para que eles reflitam esse aumento de valor.

Pense no seguinte: com as taxas de juros empresariais de longo prazo em aproximadamente 6,5% em 2007, os *equity bonds*/ações de Buffett na The Washington Post Company, com um lucro/pagamento de juros antes dos impostos de US$ 54 por ação, valiam aproximadamente US$ 830 cada um naquele ano (US$ 54 ÷ 0,065 = US$ 830). Em 2007, as ações da The Washington Post Company estavam sendo negociadas em uma faixa entre US$ 726 e US$ 885 por ação, ou seja, alinhadas ao valor capitalizado do *equity bond* de US$ 830 por ação.

Podemos testemunhar o mesmo fenômeno de valorização no mercado acionário dos *equity bonds* de Buffett na Coca-Cola. Em 2007, eles tiveram um lucro antes dos impostos de US$ 3,96 por *equity bond*/ação, o que corresponde a um lucro após impostos de US$ 2,57 por *equity bond*/ação. Capitalizado a uma taxa de juro empresarial de 6,5%, o lucro antes dos impostos de US$ 3,96 vale aproximadamente US$ 60 por *equity bond*/ação (US$ 3,96 ÷ 0,065 = US$ 60). Em 2007, o valor das ações da Coca-Cola no mercado esteve entre US$ 45 e US$ 64 por ação.

Buffett aprendeu que, se comprar uma companhia que possui uma vantagem competitiva durável, o mercado acionário, ao longo do tempo, vai estipular uma cotação para os *equity bonds*/ações da empresa que reflita o valor de seu lucro em relação à rentabilidade dos títulos empresariais de longo prazo. É verdade, em alguns dias, que o mercado acionário está pessimista e, em outros, altamente otimista, mas no fim são as taxas de juros de longo prazo que determinam a realidade econômica do valor dos investimentos de longo prazo.

CAPÍTULO 52

# O rendimento cada vez maior criado pela vantagem competitiva durável

Para insistir um pouco mais no assunto, pois sem dúvida vale a pena, vamos dar uma olhada em algumas outras empresas favoritas de Buffett que possuem uma vantagem competitiva durável, a fim de verificar se o rendimento de seus *equity bonds*/ações aumentou ao longo do tempo.

Em 1998, a Moody's relatou um lucro após impostos de US$ 0,41 por ação. Em 2007, esse número atingiu a marca de US$ 2,58 por ação. Buffett pagou US$ 10,38 por ação pelos *equity bonds* da empresa e hoje eles estão apresentando um lucro após impostos de 24%, o que equivale a um rendimento antes dos impostos de 38%.

A American Express, em 1998, teve um lucro após impostos de US$ 1,54 por ação. Em 2008, havia aumentado para US$ 3,39 por ação. Buffett pagou US$ 8,48 por ação pelos seus *equity bonds* da Amex, o que significa que, atualmente, eles apresentam uma taxa de retorno após impostos de 40%, o que equivale a uma taxa de retorno de 61% antes dos impostos.

A Procter & Gamble, favorita de longa data de Buffett, teve um lucro após impostos de US$ 1,28 por ação em 1998. Em 2007, foi de US$ 3,31 por ação. Buffett pagou US$ 10,15 por ação por seus *equity bonds* da Procter & Gamble, que agora apresentam uma taxa de retorno após impostos de 32%, o que corresponde a um retorno antes dos impostos de 49%.

No caso da See's Candy, Buffett comprou a empresa inteira por US$ 25 milhões em 1972. Em 2007, o seu lucro antes dos impostos foi de US$ 82 milhões, o que significa que os *equity bonds* da See's agora estão gerando um rendimento anual antes dos impostos de 328% sobre o investimento original.

Em todas essas companhias, a vantagem competitiva durável fez com que o lucro aumentasse anualmente, o que, por sua vez, aumentou o valor subjacente da própria empresa. Sim, o mercado acionário pode demorar a reconhecer esse aumento, mas isso acaba acontecendo, e Buffett ganhou com esse "acontecimento" muitas vezes.

CAPÍTULO 53

# Mais maneiras de avaliar uma empresa com uma vantagem competitiva durável

Como já foi dito antes, em 1987 Buffett começou a comprar ações da Coca-Cola por uma cotação média de US$ 6,50 cada uma diante de um lucro antes dos impostos de US$ 0,70 por ação; isso equivale a um lucro após impostos de US$ 0,46 por ação. Historicamente, o lucro da Coca-Cola tem crescido a uma taxa anual de cerca de 10%.

Vendo isso, Buffett poderia argumentar que havia comprado um *equity bond* da Coca-Cola que estava pagando uma taxa de juros inicial antes dos impostos de 10,7% sobre o seu investimento de US$ 6,50. Ele também poderia argumentar que aquele rendimento antes dos impostos aumentaria ao longo do tempo a uma taxa anual projetada de 10% (a taxa anual média de crescimento do lucro da Coca-Cola nos 10 anos anteriores a 1987).

Se, em 1987, ele tivesse projetado no futuro o crescimento de 10% do lucro, poderia ter argumentado que, em 2007, a Coca--Cola teria um lucro por ação antes dos impostos de US$ 4,35 e um lucro após impostos de US$ 2,82 por ação. Isso significaria que, em 2007, o retorno antes dos impostos de seus *equity bonds* da Coca-Cola teria alcançado 66%, o que corresponde a um retorno após impostos de 43%.

Então, quanto valia em 1987 um retorno antes dos impostos de 66% sobre um *equity bond* de US$ 6,50 em 2007? Depende da taxa de desconto que usarmos. Se usarmos 7%, que corresponde aproximadamente à taxa de juros de longo prazo naquela época, obteremos um valor retroativo descontado de aproximadamente 17%. Ao multiplicarmos 17% pelos US$ 6,50 por ação que ele pagou, obtemos US$ 1,10 por ação. Multiplicando US$ 1,10 pelo coeficiente cotação/lucro de 14 da Coca-Cola em 1987, obtemos US$ 15,40 por ação. Portanto, em 1987, Buffett poderia ter argumentado que estava comprando um *equity bond* por US$ 6,50 por ação e que, se o mantivesse por 20 anos, o seu valor intrínseco em 1987 seria de US$ 15,40 por ação.

Em 2007, o lucro antes dos impostos da Coca-Cola havia crescido a uma taxa anual de 9,35% até atingir US$ 3,96 por ação, o que corresponde a um lucro após impostos de US$ 2,57 por ação. Isso significa que Buffett pode argumentar que seus *equity bonds* da Coca-Cola estão gerando agora um lucro antes dos impostos de US$ 3,96 por ação sobre o seu investimento original de US$ 6,50 por ação, o que corresponde a um rendimento atual antes dos impostos de 60% e após impostos de 40%.

A Bolsa de Valores em 2007 avaliou os *equity bonds* de Buffett numa faixa entre US$ 45 e US$ 64 por ação. Em 2007, a Coca-Cola teve um lucro antes dos impostos de US$ 3,96 por *equity bond*/ação, o que equivale a um lucro após impostos de US$ 2,57 por *equity bond*/ação. Capitalizado à taxa de juros empresarial de 6,5%, o lucro antes dos impostos da Coca-Cola de US$ 3,96 por ação vale aproximadamente US$ 60 por *equity bond*/ação (US$ 3,96 ÷ 0,065 = US$ 60). Isso está alinhado ao valor de 2007 no mercado acionário, que ficou entre US$ 45 e US$ 64 por ação.

Com o mercado avaliando os *equity bonds* da Coca-Cola em US$ 64 por ação em 2007, Buffett pôde calcular que teve uma taxa de lucro anual composto com impostos diferidos de 12,11% sobre o investimento original. Pense nisso como um título que pagou uma taxa de retorno anual de 12,11% sem a incidência de tributos sobre os juros pagos. E não apenas isso: você pode reinvestir todos os juros recebidos em mais títulos que estavam pagando 12,11%. Sim, algum dia você vai ter de pagar impostos quando vender seus *equity bonds*, mas, se não os vender, continuará ganhando 12,11% isentos de impostos ano após ano indefinidamente.

Não acredita? Pense no seguinte: Buffett tem aproximadamente US$ 40 bilhões em ganhos de capital em suas ações da Berkshire e até hoje não pagou um tostão de imposto. A maior acumulação de riqueza privada da história do mundo e nenhum tostão pago ao fisco.

Existe algo melhor?

CAPÍTULO 54

# Como Buffett determina o momento certo para comprar uma empresa fantástica

No mundo de Buffett, o preço que você paga diretamente afeta o retorno sobre o seu investimento. Como ele está considerando a ação de uma empresa com uma vantagem competitiva durável uma espécie de *equity bond*, quanto mais alto o preço pago, menor a taxa de retorno inicial e menor a taxa de retorno sobre o lucro da empresa em 10 anos.

Vejamos um exemplo: no fim da década de 1980, Buffett começou a comprar ações da Coca-Cola a um preço médio de US$ 6,50 por ação diante de um lucro de US$ 0,46 por ação, o que equivale a uma taxa de retorno inicial de 7%. Em 2007, a Coca-Cola tinha um lucro de US$ 2,57 por ação. Isso significa que Buffett pode argumentar que seu *equity bond* da Coca-Cola estava pagando US$ 2,57 por ação sobre seu investimento original de US$ 6,50, o que equivale a um retorno de 39,9%. Mas, se ele tivesse pago US$ 21 por cada ação da Coca-Cola no fim da década de 1980, a sua taxa inicial de retorno teria sido de 2,2%. Em 2007, essa taxa só teria atingido 12% (US$ 2,57 ÷ US$ 21 = 12%), o que definitivamente não é um número tão atraente quanto 39,9%.

Portanto, quanto mais baixo o preço que você pagar por uma empresa que possui uma vantagem competitiva durável, melhor será o resultado no longo prazo – e Buffett sempre se importa com o longo prazo. No entanto, essas empresas raramente, ou nunca, são vendidas a um preço de barganha, segundo a perspectiva da velha escola de Graham. É por isso que os gestores de investimentos que seguem a doutrina de valor defendida por

Graham nunca são donos de superempresas; para eles, essas companhias são caras demais.

Então, quando você compra uma participação nessas empresas? Em momentos de baixa do mercado, para começar. Embora sua cotação ainda possa parecer alta quando comparada à de "outras barganhas do mercado em baixa", no longo prazo elas realmente são o melhor negócio. E, ocasionalmente, até mesmo uma companhia com uma vantagem competitiva pode estragar tudo e fazer alguma besteira, o que fará com que a cotação de suas ações caia no curto prazo.

Pense na New Coke. Buffett disse que uma oportunidade maravilhosa de compra pode se apresentar quando uma ótima empresa depara com um problema solucionável que acontece apenas uma vez. O essencial aqui é o fato de o problema ser solucionável.

Quando você deve manter distância dessas superempresas? No auge de um mercado em alta, quando elas são negociadas a coeficientes de cotação/lucro historicamente altos. Nem mesmo uma empresa que conta com uma vantagem competitiva durável pode se desvencilhar de resultados medíocres para investidores que pagam um preço alto demais na entrada.

CAPÍTULO 55

# Como Buffett determina que está na hora de vender

No mundo de Buffett, você nunca venderia uma dessas empresas maravilhosas contanto que ela mantivesse sua vantagem competitiva durável. O simples motivo é que, quanto mais tempo você mantiver a participação em uma empresa desse tipo, melhor será o resultado. Da mesma maneira, se em algum momento você vendesse um desses grandes investimentos, estaria convidando o fisco à festa, e isso, muitas vezes, torna muito difícil a tarefa de se tornar riquíssimo.

Pense no seguinte: a empresa de Buffett tem cerca de US$ 36 bilhões em ganhos de capital resultantes dos seus investimentos em companhias com vantagens competitivas duráveis. É um patrimônio pelo qual ele ainda não pagou nenhum tostão em impostos e, se ele conseguir fazer tudo à sua maneira, nunca pagará.

Mesmo assim, há momentos em que é vantajoso vender uma dessas empresas maravilhosas. O primeiro momento é quando você precisa de dinheiro para fazer um investimento em uma companhia ainda mais excepcional a um preço melhor, o que às vezes acontece.

O segundo momento é quando parece que a empresa vai perder a sua vantagem competitiva durável. Isso acontece periodicamente, como no caso de jornais e estações de televisão. Ambos costumavam ser negócios fantásticos. Mas a internet apareceu e, de repente, a durabilidade de sua vantagem competitiva foi colocada em questão. E você não quer manter o seu dinheiro no longo prazo em uma companhia que possui uma vantagem competitiva questionável.

O terceiro momento é quando os mercados estão em alta, quando a Bolsa de Valores, em um frenesi insano de compras, faz com que as cotações dessas empresas fantásticas disparem. Nesses casos, a cotação corrente de venda da companhia excede em muito as suas realidades econômicas de longo prazo. E as realidades econômicas de longo prazo de uma empresa são como a gravidade quando a cotação das ações atinge a estratosfera. Com o tempo, vão acabar trazendo a cotação de volta ao patamar realista. Se a cotação subir demais, as condições econômicas de venda e de aplicação dos proventos em outro investimento podem ser mais vantajosas do que os benefícios de manter a participação na empresa.

Pense nisso da seguinte maneira: se pudermos projetar que a companhia lucrará US$ 10 milhões nos próximos 20 anos e alguém nos oferecer hoje US$ 5 milhões por toda a empresa, nós aceitamos? Se só pudermos investir os US$ 5 milhões a uma taxa de retorno composta anual de 2%, provavelmente não, pois os US$ 5 milhões investidos hoje a uma taxa de retorno composta anual de 2% só valeriam US$ 7,4 milhões no 20º ano. Não é muito para nós. Mas, se pudermos conseguir uma taxa de retorno composta anual de 8%, os nossos US$ 5 milhões se transformarão em US$ 23 milhões no 20º ano. De repente, a venda parece um ótimo negócio.

Uma regra simples é que, quando vemos coeficientes de cotação/rendimento de 40 ou mais nessas superempresas, e isso vez por outra acontece, talvez seja a hora de vender. Mas, se vendermos em um mercado em forte alta, não devemos comprar algo que esteja sendo negociado a 40 vezes o rendimento. Em vez disso, devemos dar um tempo, aplicar em bônus do Tesouro dos Estados Unidos e esperar a próxima baixa. Porque sempre haverá uma próxima baixa esperando para nos oferecer a oportunidade de ouro para comprar uma participação em uma ou mais companhias com uma vantagem competitiva durável que, no longo prazo, vão nos tornar riquíssimos.

Exatamente como Warren Buffett.

# Modelo de balanço patrimonial de uma empresa que possui uma vantagem competitiva durável

## Balanço patrimonial

(em milhões de R$)

| **Ativo** | | **Passivo** | |
|---|---|---|---|
| Ativo disponível e investimentos de curto prazo | 4.208 | Contas a pagar | 1.380 |
| | | Despesas provisionadas | 5.535 |
| Estoque total | 2.220 | Dívida de curto prazo | 5.919 |
| Contas a receber, saldo líquido | 3.317 | Dívida de longo prazo a vencer | 133 |
| Despesas pagas antecipadamente | 2.260 | Demais passivos circulantes | 258 |
| Demais ativos circulantes | 0 | Passivo circulante total | 13.225 |
| Ativo circulante total | 12.005 | | |
| Ativo imobilizado | 8.493 | Dívida de longo prazo | 3.277 |
| Fundo de comércio, valor líquido | 4.246 | Imposto de renda diferido | 1.890 |
| Ativos intangíveis, valor líquido | 7.863 | Participação minoritária | 0 |
| Investimentos de longo prazo | 7.777 | Demais passivos | 3.133 |
| Demais ativos de longo prazo | 2,675 | Passivo não circulante | 8.300 |
| Demais ativos | 0 | Passivo total | 21.525 |
| Ativo não circulante total | 31.054 | | |
| Ativo total | 43.059 | **Patrimônio líquido** | |
| | | Ações preferenciais | 0 |
| | | Ações ordinárias | 1.296 |
| | | Reserva de capital (emissão de ações) | 7.378 |
| | | Lucro acumulado | 36.235 |
| | | Ações em tesouraria – ordinárias | -23.375 |
| | | Patrimônio líquido total | 21.534 |
| | | Passivo total e patrimônio líquido | 43.059 |

# Modelo de balanço patrimonial de uma empresa medíocre que não possui uma vantagem competitiva durável

(em milhões de R$)

| **Ativo** | | **Passivo** | |
|---|---|---|---|
| Ativo disponível e investimentos de curto prazo | 28.000 | Contas a pagar | 22.468 |
| | | Despesas provisionadas | 5.758 |
| Estoque total | 10.190 | Dívida de curto prazo | 32.919 |
| Contas a receber, saldo líquido | 69.787 | Dívida de longo prazo a vencer | 920 |
| Despesas pagas antecipadamente | 260 | Demais passivos circulantes | 258 |
| Demais ativos circulantes | 5 | Passivo circulante total | 62.323 |
| Ativo circulante | 108.242 | | |
| Ativo imobilizado | 40.012 | Dívida de longo prazo | 133.277 |
| Fundo de comércio, valor líquido | 736 | Imposto de renda diferido | 5.890 |
| Ativos intangíveis, valor líquido | 333 | Participação minoritária | 0 |
| Investimentos de longo prazo | 43.778 | Demais passivos | 3.133 |
| Demais ativos de longo prazo | 22.675 | Passivo não circulante total | 142.300 |
| Demais ativos | 5.076 | Passivo total | 204.623 |
| Ativo não circulante total | 112.610 | | |
| Ativo total | 220.852 | **Patrimônio líquido** | |
| | | Ações preferenciais | 150 |
| | | Ações ordinárias | 880 |
| | | Reserva de capital (emissão de ações) | 7.378 |
| | | Lucro acumulado | 7.821 |
| | | Ações em tesouraria – ordinárias | 0 |
| | | Patrimônio líquido total | 16.229 |
| | | Passivo total e patrimônio líquido | 220.852 |

## Modelo de demonstração do resultado do exercício de uma empresa que possui uma vantagem competitiva durável

(em milhões de R$)

| | |
|---|---|
| Receita | 28.857 |
| Custo dos bens vendidos | 10.406 |
| Lucro bruto | 18.451 |
| **Despesas operacionais** | |
| Despesas de vendas, gerais e administrativas | 10.200 |
| Pesquisa e desenvolvimento | 0 |
| Depreciação | 1.107 |
| Lucro operacional | 7.144 |
| Despesa com juros | 456 |
| Ganho (perda) com a venda de ativos | 1.275 |
| Outros | 50 |
| Lucro antes dos impostos | 7.913 |
| Imposto de renda pago | 2.769 |
| Lucro líquido | 5.144 |

## Modelo de demonstração do resultado do exercício de uma empresa que não possui uma vantagem competitiva durável

(em milhões de R$)

| | |
|---|---|
| Receita | 172.455 |
| Custo dos bens vendidos | 142.587 |
| Lucro bruto | 29.868 |
| **Despesas operacionais** | |
| Despesas de vendas, gerais e administrativas | 20.170 |
| Pesquisa e desenvolvimento | 5.020 |
| Depreciação | 6.800 |
| Lucro operacional (prejuízo) | (2.122) |
| Despesa com juros | 10.200 |
| Ganho (perda) com a venda de ativos | 402 |
| Outros | 35 |
| Lucro antes dos impostos (prejuízo) | (11.955) |
| Imposto de renda pago | 0 |
| Lucro líquido (prejuízo) | (11.955) |

# Glossário de Termos Selecionados

**ações em circulação:** Ações ordinárias de propriedade dos investidores. Não abrange as ações em tesouraria, mas inclui as ações limitadas de propriedade dos executivos da empresa.

*Um aumento dramático no número de ações em circulação ao longo de alguns anos, sem que haja um aumento do lucro, geralmente significa que a empresa está vendendo novas ações para aumentar a própria base de capital a fim de compensar o fato de ser medíocre. Buffett mantém distância de companhias medíocres.*

**ações em tesouraria:** Ações que foram recompradas pela empresa. As ações em tesouraria não dão direito a voto ou a receber dividendos e não devem ser incluídas nos cálculos de ações em circulação.

*A posse de ações em tesouraria nos revela que uma companhia talvez tenha uma vantagem competitiva durável.*

**ações ordinárias:** Valores mobiliários que representam participação na empresa. Os portadores de ações ordinárias têm direito a eleger um conselho diretor, receber dividendos e recolher todos os proventos da venda de uma companhia após o pagamento de todas as dívidas.

*Buffett enriqueceu comprando ações ordinárias.*

**ações preferenciais:** Capital social que paga um dividendo específico e não dá direito a voto.

*Empresas que possuem uma vantagem competitiva durável tendem a não ter ações preferenciais.*

**alavancagem:** A quantidade de dívidas de uma empresa em relação ao seu patrimônio líquido.

*A presença de uma grande quantidade de alavancagem durante um período longo em geral significa que a companhia não tem uma vantagem competitiva durável.*

**amortização:** Basicamente, é o mesmo que depreciação, mas se aplica a ativos intangíveis, como fundo de comércio e patentes.

*A depreciação se aplica a ativos tangíveis, como uma fábrica. O problema das patentes, por exemplo, é que elas não sofrem realmente uma depreciação, então, seu custo é distribuído (amortizado) ao longo de vários anos.*

**ativo:** Algo que é de propriedade da empresa e deve ser usado para gerar lucro no futuro.

*Ter muitos ativos é uma boa coisa. Ter muitos ativos que produzem muito dinheiro é ainda melhor.*

**ativo circulante:** Ativos que estão imediatamente disponíveis ou que deverão estar disponíveis no prazo máximo de um ano. Eles são encontrados no balanço patrimonial e incluem o ativo disponível, o ativo realizável a curto prazo, as contas a receber, o estoque e as despesas pagas antecipadamente.

**ativos intangíveis:** Ativos como patentes e direitos autorais, que não são palpáveis, mas que podem gerar lucro.

*Pense nesses ativos como monopólios protegidos por lei, o que é um tipo de vantagem competitiva durável. O único problema das patentes é que elas acabam expirando ou perdendo a sua proteção. Quando isso acontece, qualquer empresa do mundo pode produzir aquele bem e a companhia original perde a vantagem competitiva durável proporcionada pela patente. É por isso que Buffett tem se mantido à distância de fabricantes de medicamentos.*

**balanço patrimonial:** Um sumário do ativo, do passivo e do capital próprio de uma empresa em uma data específica, por exemplo, o fim do ano fiscal.

*Um balanço patrimonial muitas vezes é descrito como um instantâneo da condição financeira de uma companhia em um único dia do ano. Não existe balanço patrimonial que compreenda um período mais longo. O balanço patrimonial informa quanto você tem e quanto deve. Subtraia um do outro e obterá o valor do seu patrimônio.*

**coeficiente de liquidez:** O coeficiente de ativo circulante em relação ao passivo circulante.

*O coeficiente de liquidez não é muito útil na busca de uma empresa com uma vantagem competitiva durável.*

**contas a receber:** Dinheiro devido à empresa por bens ou serviços vendidos e que ainda não foram pagos.

*Ter muitas contas a receber é uma boa coisa, mas ter muito dinheiro em caixa é ainda melhor.*

**custo dos bens vendidos:** O custo do estoque vendido durante um período específico, ou o custo para obter matérias-primas e fabricar produtos acabados.

*Um baixo custo dos bens vendidos em relação à receita é uma coisa boa; custos altos são ruins.*

**custos VGA:** Despesas com vendas, gerais e administrativas que mostram os custos diretos e indiretos das vendas da empresa e todas as despesas gerais e administrativas durante o período contábil. Aí estão incluídos os salários da gerência, a publicidade, os custos com viagens, as custas legais, as comissões, os custos com folha de pagamento e coisas desse tipo.

*Quanto menores, melhor.*

**demonstração do resultado do exercício:** A demonstração que informa lucro, receitas e despesas da empresa em determinado período.

*A demonstração do resultado do exercício de um único ano nos revela muito pouco. Precisamos verificar entre cinco e 10 anos se realmente quisermos descobrir se a companhia tem uma vantagem competitiva durável.*

**demonstrações financeiras:** Balanço patrimonial, demonstração do resultado do exercício e demonstração de fluxo de caixa.

*É o que mostra onde estão todos os bens, mas você precisa analisar as demonstrações de vários anos se realmente quiser saber o que está acontecendo.*

**depreciação:** Os ativos tangíveis sofrem desgaste durante o uso. À medida que vão sofrendo desgaste, aplica-se a eles a depreciação.

**depreciação acumulada:** O total de toda a depreciação, ou o decréscimo do valor de um ativo.

*Os contadores gostam de manter registro de tudo, até de quanto valor as coisas perdem. Pense na depreciação acumulada como uma grande lata de lixo que você pode verificar para descobrir quanto os ativos da empresa se depreciaram.*

**despesa com juros:** A quantidade de dinheiro que uma empresa paga em juros relativos às suas dívidas de curto e longo prazos.

*Empresas que não possuem uma vantagem competitiva durável tendem a ter uma grande despesa com juros porque têm muitas dívidas. As que possuem uma vantagem competitiva durável tendem a não ter dívida nenhuma e, portanto, têm pouca ou nenhuma despesa com juros.*

**despesa com pesquisa e desenvolvimento:** A quantidade de dinheiro que uma empresa gasta em determinado período criando e aprimorando novos produtos.

*Companhias que possuem uma vantagem competitiva durável tendem a ter pouca ou nenhuma despesa com pesquisa e desenvolvimento.*

**despesas operacionais:** Os custos de uma empresa que não estão diretamente vinculados aos custos de produção de seus bens.

*Quanto menores, melhor.*

**despesas pagas antecipadamente:** Um ativo circulante que representa uma despesa paga antes do período contábil no qual o benefício de tal despesa será recebido.

**dispêndio com ativos fixos:** A quantia que a empresa gasta anualmente para construir infraestruturas novas ou modernizar as antigas.

*As companhias que possuem uma vantagem competitiva durável tendem a ter um baixo dispêndio com ativos fixos.*

**dívida de longo prazo:** Dívida que tem uma data de vencimento superior a um ano.

*Empresas com uma vantagem competitiva durável tendem a ter pouca ou nenhuma dívida de longo prazo.*

**empresa medíocre:** Uma companhia que não possui uma vantagem competitiva durável e sofre intensa pressão da concorrência.

*Esse é o tipo de empresa que vai deixá-lo pobre a longo prazo.*

**empresa subvalorizada:** Uma companhia que está sendo vendida no mercado acionário a uma cotação inferior ao seu patrimônio de longo prazo.

*Benjamin Graham comprou empresas subvalorizadas e ganhou milhões. Buffett comprou empresas com uma vantagem competitiva durável e ganhou bilhões.*

**estoque:** Matéria-prima e produtos acabados ou em algum estágio de acabamento e que serão vendidos aos clientes de uma empresa.

*Se as vendas estão caindo e o estoque está aumentando, tenha cuidado.*

**fluxo de caixa:** A quantidade de caixa gerado pela empresa durante determinado período. É monitorado pela demonstração de fluxo de caixa.

**fundo de comércio:** O valor excedente de um ativo em relação ao valor declarado nos livros contábeis.

*Uma empresa tem um valor contábil por ação de US$ 10 e está sendo vendida a uma cotação de US$ 15 por ação. Os US$ 5 excedentes em relação ao valor contábil são lançados como fundo de comércio se a companhia foi comprada por outra.*

**LAJIDA:** Lucro antes de juros, impostos, depreciação e amortização.

*As empresas que não ganham dinheiro amam o LAJIDA. Buffett o considera uma bobagem. Toda vez que você ouvir a equipe de gestão mencionando esse termo, significa que a companhia não tem uma vantagem competitiva durável.*

**lucro acumulado:** Lucro líquido acumulado pela empresa que não foi pago como dividendo.

*Um aumento sólido do lucro acumulado no longo prazo é um dos sinais de que uma empresa possui uma vantagem competitiva durável.*

**lucro bruto:** Proventos da venda de um produto. Vendas menos o custo dos bens ou serviços vendidos igual a lucro bruto.

*Recomenda-se comparar outros números com o lucro bruto.*

**lucro líquido:** O lucro de uma empresa depois que todos os custos, as despesas e os impostos são deduzidos da receita.

*Quanto maior o lucro líquido, melhor. Quanto mais constante o lucro líquido, maior a probabilidade de a empresa ter uma vantagem competitiva durável.*

**lucro operacional:** O lucro da empresa com as operações correntes. É igual ao lucro antes da dedução do pagamento de juros e tributos. Também chamado de LAJI (lucro antes de juros e impostos).

**margem bruta:** O coeficiente do lucro bruto em relação às vendas.

*Quanto mais alta, melhor. Empresas com uma vantagem competitiva durável tendem a ter margens brutas altas.*

**nível de *rating* AAA:** A maior nota que a Standard & Poor's atribui a uma empresa por sua solidez financeira.

*Não dá para ser melhor. A companhia é de ouro se recebe essa nota.*

**passivo:** O que a empresa tem de pagar aos outros.

*O passivo é listado no balanço patrimonial da companhia. Uma empresa deve lutar para ter o menor passivo possível.*

**passivo circulante:** Dinheiro devido no prazo máximo de um ano.

**patrimônio líquido:** O valor líquido da empresa. Ativo total menos passivo total igual a patrimônio líquido.

**receita:** Dinheiro recebido ou que deverá ser recebido com a venda dos produtos ou serviços de uma empresa.

*A receita é onde tudo começa, mas nunca deve ser usada como a única maneira de se avaliar uma empresa, a menos que você trabalhe em Wall Street e esteja tentando vender ao público uma companhia que não ganha dinheiro algum.*

**retorno sobre o patrimônio:** O lucro líquido de uma empresa dividido pelo seu patrimônio líquido.

*É uma das maneiras para Buffett dizer se uma empresa tem uma vantagem competitiva durável. Quanto maior, melhor.*

**título ou obrigação:** Um valor mobiliário que representa uma dívida de longo prazo, por exemplo, debêntures.

*Empresas com vantagens competitivas duráveis não têm uma grande quantidade de obrigações porque não costumam ter muitas dívidas. E não ter muitas dívidas é bom.*

**valor contábil:** Todo o ativo da empresa menos todo o passivo. Divida esse número pela quantidade de ações em circulação e você obterá o valor contábil por ação da empresa.

*O aumento do valor contábil é algo bom; a redução do valor contábil é ruim.*

**vantagem competitiva:** Uma condição de superioridade em relação às concorrentes que permite à empresa ganhar mais dinheiro.

*Quanto mais caixa uma companhia puder gerar, mais felizes ficarão seus acionistas. Buffett só está interessado em empresas que tenham uma vantagem competitiva que possa ser mantida por um período longo.*

**vantagem competitiva durável:** Uma vantagem competitiva em relação às concorrentes de uma empresa que pode ser mantida por um período longo.

*Esse é o segredo do sucesso de Buffett e o motivo para você estar lendo este livro.*

# Agradecimentos

Somos muito gratos a Warren Buffett por sua gentileza, generosidade e sabedoria ao longo dos anos. Mesmo um milhão de agradecimentos não seriam suficientes.

Eu, Mary, gostaria de dedicar este livro às pessoas mais importantes da minha vida: meus filhos, Erica, Nicole e Sam, que me dão muito amor e felicidade, fazendo com que me orgulhe deles todo dia; minhas irmãs, Dorothy Manley, por sempre me apoiar em todas as situações, e Laura Sir Mons, em quem sempre me inspiro para viver da maneira mais plena. A Jim Manley, meu cunhado, que sempre nos incentiva a alcançar a perfeição por meio da prática incansável.

David gostaria de agradecer a Kate e Dexter por seu amor, a Sam e Andy por serem ótimos irmãos e a Cindy Connolly e Bob Eisenberg por serem os amigos fantásticos que sempre foram.

E, por fim, porém não menos importante, nós dois gostaríamos de agradecer ao finado Benjamin Graham, que plantou a árvore sob a qual todos estamos sentados.

## CONHEÇA OUTRO TÍTULO DOS AUTORES

### O Tao de Warren Buffet

Nunca houve um investidor tão bem-sucedido quanto Warren Buffett. O mundo inteiro sabe disso, e a melhor prova é um patrimônio avaliado em US$ 52 bilhões pela revista *Forbes*, edição 2007 – fortuna suficiente para dar a Warren um lugar no pódio dos homens mais ricos do mundo. Menos conhecido é o fato de que nunca houve um investidor capaz de expressar de forma aparentemente tão simples, em palavras acessíveis à maioria das pessoas, uma sabedoria financeira e empresarial baseada em valores que hoje muitos consideram fora de moda: integridade, trabalho duro e bom senso.

A profundidade do pensamento desse gênio das finanças – sem falar dos resultados práticos que ela o levou a alcançar – é tão impressionante que deu origem a uma escola de estudiosos, chamados de "buffettologistas", dedicados a sondar cada sentido oculto em suas tiradas de estilo despretensioso e irreverente. Os mais destacados entre os "buffettologistas" são Mary Buffett, ex-nora de Warren, e David Clark, autores de *O Tao de Warren Buffett*.

Com esse livro de leitura fácil e prazerosa, os autores conseguem a proeza de capturar por inteiro o espírito de Warren Buffett. As citações traduzem as estratégias práticas de Warren, fornecendo exemplos úteis para todo investidor – grande ou pequeno – e modelos que qualquer um pode seguir. *O Tao de Warren Buffett* inspira, diverte, aguça a mente e oferece uma compreensão inestimável sobre os investimentos, que qualquer um pode aplicar à sua vida financeira.

# INFORMAÇÕES SOBRE OS PRÓXIMOS LANÇAMENTOS

Para receber informações sobre os lançamentos da EDITORA SEXTANTE, basta cadastrar-se diretamente no site www.sextante.com.br

Para saber mais sobre nossos títulos e autores, e enviar seus comentários sobre este livro, visite o nosso site www.sextante.com.br ou mande um e-mail para atendimento@esextante.com.br

EDITORA SEXTANTE
Rua Voluntários da Pátria, 45 / 1.404 – Botafogo
Rio de Janeiro – RJ – 22270-000 – Brasil
Telefone: (21) 2286-9944 – Fax: (21) 2286-9244
E-mail: atendimento@esextante.com.br